郭志军 著

课程与教学改革研究

湖南教育出版社
HUNAN EDUCATION PUBLISHING HOUSE

前　言

近年来，中国基础教育课程改革深入推进，立德树人的根本任务不断落实，育人为本的教育理念深入人心，中小学课堂教学发生了积极可喜的变化。变革性的实践催生着课程与教学理论研究的创新。在这个过程中，我们一直关注并追踪本次新课程改革，推出了《中国基础教育课程改革10年》著作、系列调研报告和论文。这本书就是我在组织研究新一轮基础教育课程改革的一些成果总结。

在研究的同时，我有幸参与了《国家中长期教育改革和发展规划纲要（2010—2020年）》《教育部关于全面深化课程改革　落实立德树人根本任务的意见》《国务院办公厅关于加快中西部教育发展的指导意见》等政策文件的研制工作，参与了首届基础教育教学成果奖推广工作和中国教育科学研究院综合改革实验区的指导工作，使研究更贴近政策导向性和实践指导性。从另一个方面讲，本研究也是对国家相关基础教育改革政策精神和教学改革实践的理解和总结，是对本轮课程与教学改革的看法和思考。

本书除前言和结束语外，设有八章：

第一章"基础教育课程改革的价值精神"。按照国家深化教育领域综合改革的要求和课程改革的价值理念，本章提出了基础教育课程改革所奉行的价值精神是坚持立德与树人的统一、科学与人文的统一、本土化与国际化的统一、整体性与协调性的统一。尽管新一轮课程改革体现出强烈的人学追求，但也存在明显的不足。因而在人学视野中的基础教育课程改革要实现基于知识选择的课程与生活的整合、立足本土与传统的课程与文化的整合、关注实践的课程与活动的整合。

第二章全方位、历史性地梳理了本次基础教育课程改革的主要历程和重要成效，分析了课程改革进程中的主要问题，总结出课程改革的阶段性特征：符合时代精神和素质教育要求的基础教育课程体系初步建立，但课程体系的科学性和有效性尚需加强；中小学教学观念和方式持续更新，但教师实施课程的能力有待提高；各地区创造和积累了丰富的改革实践成果和经验，但系统总结和推广的任务繁重。在此基础上，提出进一步深化课程改革的政策走向即以学生核心素养目标统领课程改革。

第三章主要探讨和分析课程标准和教材建设问题以及课程改革中的公平问题，特别探讨了深化农村基础教育课程改革和消除大班额问题，在调研、分析的基础上，提出了改进的政策建议。

第四章是学理研究。关于教学理论，本章全面而深刻地揭示教学理论应当是什么，指出不仅应把教学理论当作名词，看作一种静态的存在形态来理解，而且应把教学理论当作动词，看作一种动态的发展形态来考察。同时，本章还研究了当代国外教学理论发展的基本走向及其对我国的影响。关于教学实践，以辩证的实践唯物主义为指导，力求在对马克思主义的实践观作出符合其本来面目理解的基础上，运用复杂性思维原理全面透析教学实践的多重层面和多重关系，以期对我国的教学改革实践和教学理论研究提供有益的启示和借鉴。

第五章在梳理分析了教学模式的内涵、特征、结构的基础上，列举了新时期以来中小学较为典型的课堂教学模式，如杜郎口中学的"三三六"教学模式、洋思中学的"先学后教，当堂训练"教学模式、山东昌乐二中271高效课堂教学模式等，从区域政策层面总结了各地推进教学模式改革的有效经验和成功做法，介绍分析了当今国外教学模式改革的经验，提出了深化中小学教学模式研究的政策建议。

第六章分析了探究性教学的定位、系统和方法策略，特别是对实现教师的教学方式、学生的学习方式、教学内容的呈现方式和师生的互动方式转变以及以问题导向的教学模式设计与实施策略等问题进行了探讨。

第七章客观理性地梳理和总结了改革开放30多年来中国教学实验发展的基本进程、主要特征和基本经验。教学实验在推进学校课程改革，特别是推进教学改革方面发挥了先导性、示范性、基础性作用。同时本章也对教学实验推进学校变革进行了方法论反思。

第八章在反思和总结中国课堂教学评价研究现状的基础上，深刻把握现代教学过程的本质和全面分析课堂教学关系的多样复杂性和动态生成性，尝试构建一个改进型的中小学课堂教学评价框架。

本书严格来说，还需进一步研究和实践，从而构成一个完整的体系，由于课程教学改革的内容很多，不可能一一穷尽，我们只能就课题做了研究。透过这些问题可以间接了解本次课程改革的概貌，也能看出改革进程中的深层次矛盾。实际上，课程改革永远在路上，后续的研究也不会停息。

我特别感谢我们课程教学研究所的研究团队，他们围绕课题项目分工合作，集体攻关，在全力推进我国基础教育课程改革研究中贡献了智慧和力量。本书中的部分内容就有他们的贡献，像王鑫老师、杨莉娟老师、胡军老师、陈晓东老师、黄琼博士等。课题实验学校（湖北宜昌一中）特级教师郑勇为探究教学的问题模式贡献了操作案例；同乡好友、北京神州中联教育的王国荣总编辑亲自审阅书稿并提出中肯见解。可以说，本书能够付梓与他们的付出是分不开的。最后，还要向湖南教育出版社社长高步高先生，教材部总监黄永华先生以及责任编辑张艺琼、廖熙女士致以深深的敬意！

目　录

C O N T E N T S

>>>

第一章

基础教育课程改革的价值精神

　　按照国家深化教育领域综合改革的要求和课程改革的价值理念，本章提出了基础教育课程改革所奉行的价值精神是坚持立德和树人的统一、科学和人文的统一、本土化与国际化的统一、整体性与协调性统一。尽管新一轮课程改革体现出强烈的人学追求，但也存在明显的不足，因而在人学视野中的基础教育课程改革要实现基于知识选择的课程与生活的整合、立足本土与传统的课程与文化的整合、关注实践的课程与活动的整合。

　　自 2001 年中国的基础教育课程改革，特别是《国家中长期教育改革和发展规划纲要（2010—2020 年）》（以下简称《规划纲要》）实施五年以来，围绕课程改革的六大领域——课程目标、课程内容、课程结构、课程实施、课程评价、课程管理等都展开了丰富的、深入的研究和探索，不仅有对国外课程改革成果的有益借鉴，更有如火如荼的本土化探索，在课程改革顶层设计、政策引领、保障机制、课程研究、校本课程开发、课堂教学改革、发展性评价等领域取得了积极的进展，积累了丰富的经验。当前，新课程改革已经进入经验总结、提高质量的深化发展新阶段。2010 年 4 月成立国家基础教育课程教材专家咨询委员会和专家工作委员会，强化课程改革的业务督导和专业引领；同年 10 月颁布《教育部关于深化基础教育课程改革　进一步推进素质教育的意见》，对未来几年课程改革的主要工作作出部署；2011 年底，义务教育阶段语文等 19 个学科标准全面修订；2014 年普通高中课程改革方案和课标修订工作全面启动，并稳步加紧推进。为全面落实党的十八大、十八届三中全会精神，2014 年 4 月教育部发布《教育部关于全面深化课程改革落实立德树人根本任务的意见》，为中国基础教育课程改革深化发展指明了方向，提出了任务。**基础教育课程改革是一场由课程教材改革带动的中国基础教育的全面、整体的改革，是中国教育领域一场广泛深入的教育创新。**

一、基础教育课程改革的基本精神

《规划纲要》发布实施五年以来，教育系统积极探索，勇于实践，推动课程改革取得显著成效。**德育为先，能力为重，全面发展的教育理念**得到普遍认同；符合素质教育和时代要求的课程教材体系不断完善；人才培养模式改革不断深化，自主、合作、探究的学习方式与启发、讨论、参与的教学方式不断推广，育人的针对性、实效性进一步增强；分类考试，综合评价，多元录取的考试招生制度改革积极推进，以学生全面发展为根本，科学多元的评价制度改革取得突破性进展。基础教育课程改革的不断推进，正是贯彻和遵循了如下基本精神。

（一）坚持立德与树人的统一

落实立德树人的根本任务，培养德智体美全面发展的社会主义建设者和接班人，是课程改革的价值所在和必然使命。立德树人是发展中国特色社会主义教育事业的核心，是贯彻党的教育方针的时代要求。**课程教材是人类文明成果、民族优秀文化的重要载体，是党的教育方针、国家意志和社会主义核心价值观的集中体现，是学校教育教学活动的基本依据**，在人才培养中发挥着核心作用。课程改革涉及课程标准、教材的修订，教学、评价、考试的变革和教师的培养、培训等一系列立德树人工作的关键环节。通过课程改革推进立德树人工作，是对立德树人规律的深刻把握，是立德树人实践的重要经验。立德与树人的统一，指明了课程改革的目标是"树人"，即坚持育人为本，通过合适的教育来发展人、塑造人；也指出了课程改革的途径就是"立德"，即坚持德育为先，通过正面的教育来引导、感化、激励人。**"立德树人"指定了课程的内容就是要在传授基础知识和基本技能的同时，突出情感、态度**

和价值观的培养，突出社会主义核心价值观的塑造。

（二）坚持科学与人文的统一

育人为本，首先要科学育人。**课程是实现育人目标的重要载体和核心环节，遵循科学精神去精选科学内容，讲求科学方法是课程改革取得成功的本质要求。**科学精神就是"探索真理的求真精神、尊重事实的求实精神、自我扬弃的批判精神和超越理论的创造精神"；科学内容就是课程标准、教材和其他课程资源必须正确地反映和体现人类经济社会的文明成果，是经得起历史和实践检验的教与学的内容；科学方法就是教与学的方式、方法、程序、工具等的选择与实验符合学习者的身心发展规律和教育教学规律。

育人为本的核心是以学习者为本，体现强烈的人文情怀。课程改革在任何时候都不能偏离人的发展的素质教育主题。当前中国课程中的人文关怀尚显不足，所以加强不同课程内容特别是人文社会科学的哲学思维和人文品质，就更为重要。哲学使我们睿智、高远，人文使我们豁达、关爱，这些都是人文精神的应有之意。在当今知识经济社会里多元化文化形态观的背景中，教育改革与发展的任务还十分艰巨，社会主义的核心价值观建立还有漫长过程，培养人的精神文化素质的任务还十分艰巨，这就决定了课程改革没有理由不重视人文精神。新课程最为本质的追求是通过课程改革建立一种新的课程文化、新的课堂文化、新的教研文化以及新的管理文化，借此在师生之间、学生同伴之间、教师同僚之间、管理者与教师之间、学校与社会之间，建立一种民主、开放、科学、平等、对话、协商的建设性新型伙伴关系；通过课程改革影响学校，通过学校向全社会注入一种新的文化元素。这种文化元素，本质上就是人文精神的内在要求。

（三）坚持本土化与国际化的统一

《教育部关于全面深化课程改革　落实立德树人根本任务的意见》指出，着力培养学生高尚的道德情操、扎实的科学文化素质、健康的身心、良好的审美情趣，努力使学生具有中华文化底蕴、中国特色社会主义共同理想和国际视野，成为社会主义合格建设者和可靠接班人。这表明，课程改革必须立足本土，继承传统，面向世界，把社会主义核心价值观融入课程改革的全过程、各方面。

中华民族长期形成并积淀下来的优秀的思想文化传统是课程与教学的根基与命脉，是课程内容的第一选择，当代中国大地上探索出的丰富多彩的教育教学实践经验与成功模式是课程选择的现实土壤和有益资源，其次是对国外先进教育教学思想理论的借鉴与吸收（当然还有适切性问题）。实际上，在国外后现代理论和多元智能理论是有争议的，把它们直接用到课程与教学改革中来更应谨慎。在课程与文化的整合中，还要注意在立足本土、继承传统的基础上，合理吸收国外优秀文化和当今世界社会和科学技术发展的最新成果。

（四）坚持整体性与协调性的统一

课程改革不是一个单一的事件，更不是单方的行为。它不仅涉及课程内部各要素、各环节、各方面，而且涉及课程与管理、组织、社会资源等外部因素之间的关系，可以说，课程改革牵一发而动全身，体现出强烈的系统性和整体性。为此，课程改革目标的实现需要教育各个阶段在育人目标和教育功能方面的协调统一。同时课程改革要深入彻底进行，更需要教育的各个环节特别是教材、招生和评价方面进行全面改革，需要各学科充分发挥自身的优势，需要社会各界力量的参与，营造协调一致的教育环境。

为此，《教育部关于全面深化课程改革 落实立德树人根本任务的意见》明确提出深化课程改革的"五个统筹"，即统筹小学、初中、高中等学段，进一步明确各学段各自教育功能定位，理顺各学段的育人目标，使其依次递进、有序过渡；统筹各学科，特别是德育、语文、历史、体育、艺术等学科，充分发挥人文学科的独特育人优势，进一步提升数学、科学、技术等课程的育人价值；统筹课标、教材、教学、评价、考试等环节，使其有效配合，相互促进；统筹一线教师、管理干部、教研人员、专家学者、社会人士等力量，充分发挥各自优势，明确各自力量在教书育人、服务保障、教学指导、研究引领、参与监督等方面的作用，形成育人合力；统筹课堂、校园、社团、家庭、社会等阵地，发挥学校的主渠道作用，加强课堂教学、校园文化建设和社团组织活动的密切联系，促进家校合作，广泛利用社会资源，科学设计和安排课内外、校内外活动，营造协调一致的良好育人环境。

二、基础教育课程改革的人学检视

近年来，人们对新一轮基础教育课程改革的论争，都关涉到人的存在与发展问题，即人学视域的问题。人学揭示出人的存在的一般特征：人是现实的生命活动的存在，是社会文化的存在，是自主超越性的存在，是整体性（或完整性）的存在，是以知识经验为基础的理性的存在，是具体的、个体的存在。尽管新一轮课程改革体现出强烈的人学追求，但也存在明显的不足，因而在人学视野中的基础教育课程改革要实现基于知识选择的课程与生活的整合，立足本土与传统的课程与文化的整合，关注实践的课程与活动的整合。

（一）由近来的一些论争所引发的思考

自 21 世纪初所推行的基础教育课程改革，已走过十多个年头，其中在理论与实践中所引发的困难与问题、挑战与困惑，已成为近年来教育界，特别是教育理论界探讨和争鸣的焦点（这是一种令人鼓舞的现象，尽管它来得迟了一些，如果这些理论能在新课改之前或之初就得以展开，人们的思路会更清晰，做法也会更理性些）。从目前探讨和争鸣的情况看，主要有以下四个方面：第一是新课改的"方向"问题，即新课改的大方向正确与否；第二是新课改的"知识"问题，即新课改是否轻视知识，特别是间接知识(经验)和系统性知识(间接知识、系统知识与直接知识、个人实践性知识谁轻谁重)；第三是新课改的"理论基础"问题，即新课改是以马克思的"人的全面发展观"为指导，还是以西方的构建主义、后现代主义为指导；第四是新课改的"国情适应"问题，即新课改是适应中国国情，还是背离中国国情。从根本上讲，这些论争都关涉人的存在与发展问题，并在人的存在与发展问题上得以统整。如第一方面的论争涉及人的价值取向问题，第二方面的论争涉及人的素质结构问题，第三方面的论争涉及人发展的思想与方法问题，第四方面的论争涉及人发展的现实基础和客观条件问题。如此，要想从学理上澄清和阐明基础教育课程改革中的问题与困惑，就必须寻求人学理论的支撑。

人的存在和发展问题是一切人文科学始终关注的核心问题，也是教育学科建设所必须依据的基本前提。新一轮基础教育课程改革倡导以"为了每个学生的全面发展"为价值指归，体现出强烈的人学立场与追求，但在理论与实施过程中的一些问题更值得反思。

（二）人的存在的基本特征

对人的存在问题的研究，说到底就是探寻和追求人的地位、价值与意义，即涉及人的"终极关怀"，其基本内涵就是"人类的幸福和我们的自身完美"①。人学对人的存在问题的研究，揭示出以下几个方面的特征。

1. 人是现实的生命活动的存在

人的现实性是真实的，具有绝对的意义。这种现实的存在首先表现在人是一个自然的实体存在，具有生物学意义，有肉体，有生命，有欲望，有追求，如同其他物质性存在一样，是世界的一个不可缺的组成部分，只不过人的存在是一种更高级的理性的存在。只有承认人的存在的先在性与现实性，才能从人的真实的存在状态和现实情形中，来研究人，发展人。人的存在的现实性，是人学研究的前提。其次，人是以生命活动的方式来体现和证明自我的存在价值的。如果人的存在只停留在生物学的意义上，人的生存和生活就全成为无意义、无价值的存在，与动物无二。建立在自然存在基础上的人的社会生命、精神生命是人之为人的意义体现。再次，人的存在是通过活动抑或实践，实现人与自然界、人与人、人与自我的双向对象化，以丰富和发展自身的，也就是说，**人只有通过活动，有意义的生命才能实现人之为人的价值**。"人是不会满足于生命支配的本能生活的，总要利用这种自然的生命去创造生活的价值和意义，人之为'人'的本质，应该说就是一种意义性存在、价值性实体，人的生存和生活如果失去意义引导，成为无意义的存在，那就与动物的生存没有两样，这是人们不堪忍受的。"②

---

① 马克思恩格斯全集：第 40 卷 [M]. 北京：人民出版社，1974.
② 高清海. 人就是"人" [M]. 沈阳：辽宁人民出版社，2001.

2. 人是社会文化的存在

人的生活及活动离不开各种社会关系，一方面人从自我的需求出发，通过交往形成了社会关系，另一方面在这种社会关系中不断提供个人生活的资源与条件，以达成个人需要的满足，也使个人的功能、作用、地位、价值得以体现，所以，马克思说，人不是单个人固有的抽象物，而是一切社会关系的总和。"一个人的发展取决于和他直接或间接进行交往的其他一切人的发展，彼此发生关系的个人的世世代代是相互联系的，后代的肉体存在是由他们的前代决定的，后代继承着前代积累起来的生产力和交往形式，这就决定了他们这一代的相互关系。"① 这里，马克思的论述也蕴含着另外一层意义：人与人所结成的社会关系（继承关系、同代关系）中的联结纽带和实质内涵是文化，即人所创造的物质和精神成果。如果说社会关系体现着人的存在的交往活动形式，那么，文化则表征着人之存在的内涵和实质，人的文化性和社会性是人之为人的两翼，缺一不可。**文化的实质就是人化，只有文化的存在，人与人的关系才能被体验，被感受，被理解。**

3. 人是自主超越性的存在

人之所以是自主的、能动的，是因为人始终处于主体地位。人不仅能意识到他者、他物的存在，还对他者何以存在、如何存在保持探究、思考和理解的意愿并采取相应的活动，以获取满足人本身需要的关于他者、他物之所以存在的理由、根据及方式。人同时也能意识到自我的存在，并根据外部世界的变化特点来调整自我的意识及活动，更为重要的是，人作为能动的、创造的主体不断进行着对象化的实践，通过发挥自己的本质力量，抛弃自己的受动性，来追求和创造能满足人各种需要的

---

① 马克思恩格斯全集：第40卷 [M]．北京：人民出版社，1974.

价值对象，使"自然之物"变成"为我之物"，以实现人发展的目的。人正是在自主的、能动的对象性实践活动中，不断变化和丰富自己的生活和生命，展现人类自我超越的本质力量和生命价值。人的这种自主性和超越性从发展的角度讲，源于人自身的生成性和未完成性，这种未完成性是人获得生存和发展的力量，获得需求、意愿、意志及努力的源泉，也为人的无限充分发展提供了可能。**"人从不满足于周围现实，始终渴望打破他的此时—此地—如此存在的界限，不断追求超越环绕他的现实——其中包括他自己的当下自我现实"**。①

4．人是整体性（或完整性）的存在

人的整体性具体表现在，人是自然生命（肉体生命）、社会生命（文化生命）和精神生命（心理生命）的统一体，是当下生命与可能生命的统一体，是理性生命与非理性生命的统一体。人所从事的任何一种活动，都不是以局部的、片面的、单一的认知方式或活动方式而进行的，而是以完整的生命体的方式参与和投入的，其中认识、情感、意志、个性、智力、体力、道德都在或多或少，或直接或间接，或正式或非式地共同发挥作用。一句话，人就是各方面素质和能力，各个构成部分的存在的有机整体，如同割掉一只耳朵或一只手就不是完整的人一样，单有外在的形态，没有内在的理念精神，也不是完整的人，反之亦然。

5．人是以知识和经验为基础的理性的存在

具有理性，是人区别于动物的根本标志之一。人的理性并不是与生俱来的，而是人在生命的成长过程中，不断习得、积累知识和经验，并通过内化后逐步形成的。无论是工具理性还是目的理性，无论是理论理性还是实践理性，都是如此。人的知识一定包括社会性知识和个人化知

---

① 马克思·舍勒．人在宇宙中的地位［M］．上海：上海文化出版社，1989．

识，人的经验也一定包括直接经验和间接经验。正是通过知识、经验的武装而养成了人的理性，才使人具有判断、选择和处理各种社会生活、自我生活的能力，才使人认识事物，追求高尚，趋利避害，从低级、庸俗的自在生命状态，走向高级、充实的自为乃至自由的精神生命状态。

6. 人是具体的、个体的存在

历史唯物主义告诉我们，人民群众是历史的创造者，但也不能忽视领袖、英雄和其他个人在社会历史中的作用。在社会现实中，每个人都是生命的个体，都作为一个独特的、鲜活的生命体而存在；群体是由个体的结合构成的，社会也是由个人之间的相互作用关系结成的，每个人的身体、智力、需求、情感与价值观都具有独特性，"忽略了人的独特性，你就会歪曲他"①。

以上对人的存在的特征的概括只是粗线条的，肯定有不完善之处。事实上，对世上最复杂、最玄奥的人的研究根本就不可能完善，但可从大体上归纳出人学视野中人的存在的一般特征。站在人学的立场上反思新课程改革，对人的存在问题有积极的优势，也存在明显的不足。

（三）现行课程改革对人的存在与发展问题的优势与不足

本次新课程改革可以说顺应了知识经济社会和多文化背景对人发展的需求，关注学生的全面发展，体现了以人为本的改革理念，重新确定了学生的主体地位。课程目标、课程结构、课程管理、课程实施与评价等方面，都贯穿了促进人的发展的主线。新课程提出"知识与技能""过程与方法""情感、态度与价值观"三位一体的课程目标，体现出对人发展的全面性的重现；课程结构上体现弹性化设计，开设综合活动课，

---

① 赫舍尔. 人是谁［M］. 贵阳：贵州人民出版社，1994.

为学生的发展预留可能的空间；课程教学改革上注重学生学习方式的转变，倡导"自主、合作、探究"的学习方式；课堂管理上体现分权和重心下移，除国家课程外，给地方课程和校本课程以比较大的空间；课程评价方面，注重多元化与个性化，强调发展性课程评价，并关注学生发展的差异性和不同需求；等等。另外，新课程改革关注学生的生活世界和生命生长，重视沟通书本世界与生活世界、社会世界的关联，强调在自我、他人与社会的关联中促成学生的发展。特别是师生关系进一步趋向民主与平等，对话、交流与合作成为新型师生关系的主要方式。所有这些，都表明本次课程改革把学生的主体地位放到前所未有的高度，是对人的尊严的肯定。

正如其他领域的改革一样，新一轮课程改革仍有一些关系未能理顺，造成实施过程中产生许多问题，主要体现在"四个偏移"。

1. 三维目标关系重心偏移，知识目标重视不够，有可能造成教学质量的下降和学生发展的片面性。由于课程纲要对知识与技能，过程与方法，情感、态度与价值观三维目标没有充分、全面地做学理上的分析与阐释，没有适当区分这三者的主次与先后关系，而是平行并列，导致一些实践者片面地追求所谓的"新"，对知识与技能目标重视不够，而把后二者当作是新课程改造传统课程的标志和第一追求，因而忽略了我国长期以来的优势，即"双基"问题。殊不知，知识技能目标不论过去、现在还是未来仍是首要的和基本的目标，尽管不同学科的要求和标准各有侧重，但丝毫不能轻视知识目标的地位和作用，因为这是人发展的基础。

实际上，片面地以"标新立异"为名而强调"过程与方法"目标和"情感、态度和价值观"目标，在实践过程中出现了许多偏差。如"过程与方法"目标在实践过程中，在许多地方、学校也出现了"游离"现象：

游离于知识目标之外，游离于教学内容与教学任务之外，使过程与方法失去了依据、内容和载体。另一方面，从规范性角度讲，把"过程与方法"确定为目标，是否合理，是否科学？任何事物的发展都要经过一定的过程，都有某种原因；任何目的的达成都需要有相应的手段和方法。换句话说，过程是为达成结果所必须经历的环节与阶段，方法是实现目的所采取的手段，它们不应成为目的（目标）本身。当然这个问题还需要讨论研究，这里只是把问题提出来。又如"情感、态度和价值观"目标，在实践中也出现"贴标签"现象，这种在学科渗透、习惯养成、行动磨砺、社会影响中逐步培养的个性品质，成了可以直接教的东西，甚至成了一两节课就能教会的东西。从人的完整性的规律出发，脱离基本的知识与理性去谈人的精神和意识，实质上是对人的一种整体性分裂。

2. 师生关系重心偏移，过分强调学生的地位，教师的作用重视不够，有可能造成教学中主体人群结构的单一性。教学中的主体既包括学生群体、学生个人，又包括教师群体、教师个人，他们都是教学主体结构中的组成部分。过去讲"教师中心"不对，今日讲"学生中心"也有片面性。学生的发展作为课程改革的根本目标，这固然没有错，但也不能忽视教师作为"平等中的首席地位"。"以人为本"在教育教学中的真正含义应当是"生本"与"师本"的统一，发展的真正含义应是师生双方的共同发展。"一切为了学生的发展"，这句话有绝对性。虽然教师的发展与学生的发展有一定的差异，但都作为主体人的价值需求和本质规定却是一致的。教师也许更侧重其职业（专业）成长，但也有个性化生活的努力和理想人生目标的追求；再者说，没有发展素质的教师，何以培养出全面的学生？所以，对师生主体人群的发展，不能有太大的偏颇。

3. 课程文化关系重心偏移，传统的本土的文化重视不够，过分强调外来文化，有可能造成人的文化结构狭隘性。文化是课程选择的基本内容，也是制约课程改革的重要因素，而且对人发展的影响至关重要，何种文化特质及其蕴含的价值观念直接制约着人的情感、态度与价值观，决定着人的行动方向。对此，我们不能轻视之。中华民族长期形成并积淀下来的优秀的思想文化传统是课程与教学的根基与命脉，是课程内容的第一选择；当代中国大地上探索出的丰富多彩的教育教学实践经验与成功模式是课程选择的现实土壤和有益资源，不可缺少。其次才是国外先进教育教学思想理论的借鉴与吸收（当然还有适切性问题）。**实际上，在国外后现代理论和多元智能理论是有争议的，把它们直接用到课程与教学改革中来更应谨慎。**要知道，我们培养的人，首先是中国人、现代人，其次是世界人，即能走向世界的现代中国人。

科学合理的文化观对课程改革的成败至关重要。本次课程改革更多地关注了现代西方发达国家的理论、思想（如建构主义理论、多元智能理论、后现代诸流派的思想观点等）及经验模式，而对我国传统民族文化中优秀的教学、教学理论挖掘不深，重视不够，对当代我国本土化的教育教学改革的成功经验提炼不够，对外来文化的适切性、改造性等问题关注和研究不够等，长此以往，课程改革生命力是令人担忧的。

4. 教学活动方式（或关系）重心偏移，讲解、传授、示范、主导等教学方式受到冷落，缺乏实质性问题和有意义的对话、活动、合作却十分常见，不仅导致教学过程的形式化，而且可能造成学生学业不扎实、学风不严谨。现实的课堂教学中，忽略基础与训练的作用，过分强调自主合作、探究，自主成为自由，合作成为游戏，探究成为形式；"满堂动""满堂问"的现象仍然存在，有的地方在"高效"的口号下，严格限定教师的讲授时间，而脱离了教学目标与教学内容的规定和要求，如此等等，都是形式化、片面化的教学表现，需要改进和纠偏。

（四）人学视域中基础教育课程改革的基本思路

1. 基于知识选择的课程与生活的整合

确立以学生作为课程的主体，以学生的现实生活世界作为课程内容的范围，着眼于学生的全面发展和个性发展，通过学生的理解、体验、反思、探究和创新等学习活动方式，形成反思性、生成性的课程体系。这种以学生生活为基点的课程观，就是课程与生活一体化的课程观，它不再把课程寓于"知识""学科""教学科目"等狭隘的视线与范畴，而是将其看作一种以人类生活体验和个人生活经验为内容，通过儿童在生活世界中对这些内容的批判和反思性实践，沟通儿童的现实生活和可能生活的教育中介①。按照胡森等人的观点，课程整合的方式有两种基本形式：一是使不同的课程门类构成一个有机的整体，二是使每门课程的内容构成一个有机的整体。这就是说，在课程与生活的整合时，应重点考虑学生生活世界的整体性和丰富性，以学生的全体生活和经验作为课程内容的范围，同时每门课程也应围绕学生的生活，保持连续性和整体性。换句话说，每门课程只是学生生活及经验不同方面的整体反映。具体而言，在课程设计和课程实施方面，应关注课程与学生生活、社会发展的密切联系，注重书本知识的理解与运用并在社会生活实践中予以拓展；在课程内容方面，应强调"问题中心""领域意识"和"成长或活动逻辑"来协调人与自然、人与社会、人与自我、人与文化的关系，使课程内容体现浓郁的人文价值和生命意义；在知识的范式上要理顺人文知识、自然知识和社会知识的关系，突显人文知识的地位，在重视公共知识时，强化个人经验知识（缄默知识）的重要性；等等。这里的关

---

① 郭元祥. 生活与教育——回归生活世界的基础教育论纲［M］. 武汉：华中师范大学出版社，2002.

键点在于国家课程政策的民主化和弹性化。人本化的课程政策是人本化课程建设的基本条件和保证。

需要指出的是，在课程与生活的整合中，必须正确认识和处理课程与知识的整合问题。选择什么样的知识列入课程，这是课程建设必须要首先面对的问题。长期以来，单一的学科和知识一统课程和课堂，确实对学生的全面发展不利。其中需要研究的问题在于对各类知识的价值有科学的评判，并合理取舍。要选择与人的发展密切相关的那些基本性、基础性的核心知识和关键性知识，按不同学段学生的发展特点列入各级各类课程，这是今后课程改革与建设需要努力的方向。

2. 立足本土与传统的课程与文化的整合

课程与文化的关系问题，一直是课程研究特别关注的重要问题。毫无疑义的是，课程是传载、继承和延续文化的重要方式。实际上，课程与文化的关系是双向的、动态的、发展的。因为文化的实质是人化，人化的进一步展开又创新着文化，也必然创生着课程。那种简单地认为，课程只是对文化的传承的观点是片面的。在新的历史条件下，课程文化的整合应根据时代的要求和人的全面发展的要求，实现课程的共时态结构和历时态结构的双向优化。前者包括基于课程开发者的整合、基于学习者的整合、基于学习内容的整合以及以学习为本的课程空间要素及关系的整合；后者要求整合教育目标、选择整合化的学习经验、组织整合化的学习经验和评价学习经验等。① 可以看出，**无论是课程的共时态结构还是历时态结构，都围绕人的生活实践及其经验这条主线**。需要指出的是，在课程与文化合理整合过程中，应不断选择、统摄和反映主流

---

① 彭虹斌. 从"实体"到"关系"——论我国当代课程与文化的定位 [J]. 教育研究，2006（1）.

文化和先进文化，将此作为课程的基本构成，同时又能适时地吸收和消化课程之外的非主流文化的有用成分，不断提高课程整合文化的创新能力。另外，在课程与文化的整合中，还要注意在立足本土、继承传统的基础上，合理吸收国外优秀文化，而不是像现在这样，做的相反。

3．关注实践的课程与活动的整合

相对于课程与文化的关系而言，人们对课程与活动的关系关注得不够，探讨得较少。实际上，从人本化课程的设计理念出发，课程必须重视学习者真实的、现实的实践活动形态、活动方式和活动特点，因为活动是人存在的基本表现方式，是生命主体成长与发展的重要表征。**学习者的活动与学习的问题一样，是完整的课程结构体系的重要组成部分。**无论是学习者内部的认识活动、思维活动、心理活动、情感活动，还是外在的研讨活动、游戏活动、交流活动、操作活动等，都应融入课程中，体现在课程中，并具体落实到教育教学当中。一般来说，课程与活动的整合方式有两种形态：一种是以"活动"为核心，整合多种课程资源（知识、信息、材料、工具等），我们称其为"活动课程"，现在国家正在推行的综合活动课就属此类；另一种是以"课程"为核心，融入活动要素，打破单一的以知识为内容的静态体系，体现课程的开放性和人文性。这两种形态应同时存在，以满足不同地区、不同学校学生发展的实际需求。

总之，课程与生活的整合、课程与文化的整合、课程与活动的整合，是人本化课程设计与实施的基本构成。学生的生活世界是课程选择的基本范围，文化构成课程的基本内容，学生的活动又体现课程的实施和运作方式，三位一体，相互依存，共同作为人本化课程体系的组成部分，共同作为人学视野中课程建设的基本内容。

第二章

基础教育课程改革的总体进展

　　本章全方位、历史性地梳理了本次基础教育课程改革的主要历程和重要成效，分析了课程改革进程中的主要问题，总结出课程改革的阶段性特征：符合时代精神和素质教育要求的基础教育课程体系初步建立，但课程体系的科学性和有效性尚需加强；中小学教学观念和方式持续更新，但教师实施课程的能力有待提高；各地区创造和积累了丰富的改革实践成果和经验，但系统总结和推广任务繁重。在此基础上，提出进一步深化课程改革的政策走向即以学生核心素养目标统领课程标准。

一、基础教育课程改革的历程

1. 第一阶段（1996—1998）：课程理想的萌芽及其酝酿阶段

该阶段的主要事件有：

九年义务教育课程实施状况调查。 1996 年 6 月至 1997 年，在联合国儿童基金会项目资金的支持下，北京师范大学、华东师范大学等 6 所大学及中央教科所（现中国教育科学研究院）的课程专家，对全国九年义务教育课程的实施状况展开调查。调查涉及全国 9 个省市、72 个地区的 16000 多名中小学生，2500 多名校长、教师和 50 多位全国政协教科文卫委员会委员。调查的主要内容包括课程目标的落实状况、教学内容的适宜性、教与学过程中的问题、考试与评价的问题等。

课程发展的国际比较研究。 1997 至 1998 年，内地一大批教育理论工作者，对包括英国、美国、加拿大、德国、日本、澳大利亚、韩国、俄罗斯、瑞典、芬兰、新西兰、印度、巴西、埃及等国家以及港、台地区面对新世纪的课程发展经验与策略进行了较为全面的梳理，努力把握世界基础教育课程发展的趋势。

基础教育课程改革基本理念逐步形成。 在现状调查分析、国际比较研究的基础上，探讨了基础教育课程改革的基本理论问题，明确了中国基础教育课程改革的基本理念。从 1998 年开始，开始着手起草基础教育课程改革工作的指导性文件《国家基础教育课程改革纲要（试行）》。

这一阶段的重要成果：形成了有震撼力的研究报告。大量的事实与数据表明，现行课程实践体系存在一系列重要问题，主要表现为：教育观念滞后，人才的发展模式与时代发展的需求不能完全适应；品德教育的针对性、实效性不强；课程内容存在"繁、难、偏、旧"的状况；课程结构单一，学科体系相对封闭，难以反映现代科技、社会发展的新成就，脱离学生经验和社会实际；学生苦于死记硬背，教师乐于题海训练的状况普遍存在；课程评价过于强调学业成绩和甄别、选拔的功能；课程管理强调统一，致使课程难以适应当地经济、社会发展的需求和学生多样发展的需求。同时，还厘清了国际课程发展的基本脉络。

2. 第二阶段（1999 年—2001 年 6 月）：课程文本的研制、出台与实验准备阶段

1999 年，教育部公布《面向 21 世纪教育振兴行动计划》，提出"实施'跨世纪素质教育工程'，整体推进素质教育，全面提高国民素质和民族创新能力。改革课程体系和评价制度，……启动新课程的实验。争取经过 10 年左右的实验，在全国推行 21 世纪基础教育课程教材体系"。从此，内地课程改革进入了全面的官方与民间的互动阶段。

成立基础教育课程改革专家工作组。1999 年 1 月，教育部成立了"基础教育课程改革专家工作组"，由来自师范大学，地方行政，教研室，教科院的课程、教育、心理方面的专家及中学校长代表等 40 多人组成。专家组就基础教育课程目标、课程结构与设置、课程标准、考试、评价、实验区工作以及各门学科的课程标准、综合课程设计、农村课程改革、课程政策改革等专题，先后召开了 100 多次各种形态的研讨会，逐步形成了《基础教育课程改革纲要（征求意见稿）》和《义务教育阶段课程设置方案（征求意见稿）》。

启动课程标准研制工作。优先启动语文、数学、品德与生活等几个学科课程标准的研制工作，探讨并初步建立起一整套学科课程标准研制的工作程序。

全面启动课程标准及相关文件的起草工作。公布《基础教育课程改革项目申报、审批及管理办法》和《课程改革基础教育项目概览》，截至 2000 年 6 月，通过课题申报、评审、签署合同等程序，确立了 11 大类、近 40 个国家基础教育课程改革重大项目，其中包括从幼儿园、小学、初中到高中各门课程的国家标准，以及地方课程管理与开发指南、学校课程管理与开发指南、综合实践活动指导纲要、课程与教材评价、新课程教师研修与公众理解和传播等综合类研究项目。2000 年 7 月，各项目组全面展开了研究工作。为保证课程标准研制的科学性和有效实施，除要求各标准研制组在研制过程中广泛征求意见外，教育部基础教育课程教材发展中心委托广东深圳、广西玉林、福建厦门、江苏苏州、辽宁大连、河北石家庄、湖北武汉等十市教委组织当地教师对《课程标准征求意见初稿》征求意见；委托西南大学、西北师范大学、福建师范大学分别在西南片区、西北片区和福建对《课程标准征求意见初稿》征求意见；委托上海市教育科学研究院智力开发研究所就国家基础教育课程方案和各科课程标准向大中型企业负责人征求意见，并向部分民主党派有关人士征求意见；2001 年 5 月教育部在北京召开了包括 10 多位院士在内的国家基础教育课程标准专家审议会。

正式公布课程方案和课程标准。2001 年 6 月 1 日，教育部全面审议并原则上通过了《基础教育课程改革纲要（试行）》以及义务教育课程方案和 15 个学科的课程标准，并要求 2001 年秋季组织实验。

筹备新课程实验工作。2001 年初通过自下而上的申报、核准，初步确立了首批 38 个国家级课程改革实验区，全面开展了对教育行政人员、教研员、校长和教师的培训与研修工作。

这一阶段的重要成果：制定了《基础教育课程改革纲要（试行）》，编制了全套义务教育阶段各学科课程标准，确立了新课程的基本框架和主要突破点，形成更强大的专业支持力量。教育部在 16 所师范大学和中央教科所成立了基础教育课程研究中心，承担国家或地方教育行政部门委托的课程改革任务，地方教研部门将推进课程改革作为教研系统的主要职能。省级教研部门、师资培训部门与师范大学的"基础教育课程研究中心"建立良好的合作关系，成为中国基础教育课程研究与发展的专业队伍；改进培训方式，强调"研修"与"参与"。新课程强调通识培训与学科培训相结合，以通识培训为主；讲座与参与式研修相结合，以参与式研修为主；阶段性集中培训与过程性培训相结合，以过程性培训为主。

3. 第三阶段（2001 年 7 月—2004 年）：义务教育课程实验与高中课程方案形成

该阶段的重要事件：

全面启动新课程的实验工作。以全国基础教育工作会议的召开，《国务院关于基础教育改革的决定》的颁布和《基础教育课程改革纲要（试行）》的实施为起点，基础教育课程改革进入了第三阶段——试点实验阶段，全面启动新课程的实验工作，国家和省两级先后进行新课程实验并逐步扩大试点范围，探索、积累经验。

确定了新课程实验的总体目标和工作策略。2001 年 7 月，召开了全国基础教育课程改革实验工作会议，确定了新课程实验的总体目标和工作策略，全面部署基础教育课程改革的实验推广和师资培训等各项工作。

实验规模逐步扩大。2001 年，参加新课程实验的小学一年级学生约 27 万，约占同龄人的 1%，七年级学生约 11 万，约占同龄人的 0.5%，涉及小学学校 3300 所，初中学校 400 余所；2002 年，各省根据本省情况确定了省内课程改革实验规模，小学一年级约有 20% 的学生，七年级约有 18% 的学生，总计 570 个实验区进入新课程；2003 年，又有 1072 个县区进入新课程，参加新课程的学生总数占同年级学生数的 40% ~ 50%，加上 2001 年和 2002 年的实验区，共有 1642 个实验区，3500 万中小学生使用新课程。

成立"教学专业支持工作组"。教育部成立了涉及 17 所大学，近百位专业人员参加的"教学专业支持工作组"。

组织对实验过程的评估与调研。教育部分别于 2001 年 12 月 23 日—28 日、2003 年 3 月 4 日—12 日、2004 年 11 月 22 日—26 日，分三次组织国家基础教育课程改革工作评估团对课程改革工作进行及时、全面而又深入的调研和评估工作。每次评估活动分 5 ~ 7 个评估小组，赴不同的地区开展评估工作；每个评估小组通常由 7 ~ 10 人组成，其中包括组长（教育厅长或大学校长）1 名、教育部协调员 1 名、大学研究人员 2 ~ 3 名、基层管理者或校长、教师代表 2 ~ 3 名、媒体记者 1 ~ 3 名；3 次评估工作跨 20 多个省市，考察了近 50 个实验区、150 所中小学校，听课达 500 多节，座谈会 300 余次，参加座谈的代表逾 5000 人，回收的各种问卷一万多份。评估期间，评估团成员还随机走访了学生、教师和家长，以全面了解新课程的实验工作进程。

这一阶段的主要成果：确立"先立后破，先实验后推广"的课程推进策略；建立实验过程中的专业支持系统和以校为本的教研制度；建立实验过程中的评估和反馈机制；开展普通高中学生学习状况调查，2002 年年中，为研制普通高中新课程，在全国范围内开展了一项跨 10 个省市，针对 14000 名高一、高二年级学生及相应教师、校长和学生家长的大规模调查，同时对部分地区高层管理者进行了访谈。调研的结果再一次让国人震惊——内地高中阶段学生的学习状况远远不能令人乐观；2002 年底，普通高中新课程研制工作取得了阶段性成果，新的课程方案和各科课程标准（实验稿）完成起草工作，并在全国征求意见，普通高中新的课程结构与管理制度已见端倪；2003 年 4 月，与义务教育新课程相应的高中新课程方案和各学科课程标准正式颁布，并决定 2004 年在部分省市开展实验。

4. 第四阶段（2004 年—2007 年）：义务教育课程全面推广与高中新课程实验

该阶段的主要事件：

义务教育新课程实验规模进一步扩大。2004 年秋季，小学一年级有近 90% 的学生、七年级有近 70% 的学生进入新课程，全国范围有大约 80% 的行政区县实行新课程；2005 年起始年级 85%～95% 的学生都将使用新课程，课程改革进入全面推广阶段。2005 年 9 月，义务教育新课程全国推广。到 2008 年，全国初中已实行了一轮，有的地区达到 2～3 轮，小学也接近一轮。新课程的首届初中毕业生面临中考改革。

高中新课程实验。2004 年 9 月，山东、宁夏、广东、海南四省（区）进入高中新课程实验。2005 年 9 月，江苏加入高中新课程实验，2006 年 9 月，天津、安徽、浙江、福建、辽宁五省（市）加入高中新课程实验。2007 年秋季新学期，全国又有北京、陕西、湖南、黑龙江、吉林等五省（市）高一新生进入新课程实验。2008 年山西、江西、河南、新疆及新疆建设兵团进入新课程实验，2009 年河北、湖北、内蒙古、云南四省（区）进入新课程实验。至此，除了一些尚未完成"普九"的西部省份外，全国已有 25 个省、市、自治区成为高中新课程实验省份，初步形成了东部沿海省市全面推进高中新课程的格局。

这一阶段的重要成果：多项调查研究表明，近四年来的新课程实验进程总体上是积极健康的。新课程理念得到广大教师、学生的欢迎，社会也有较高的认同度。学生学习的主动性、积极性增强了，好奇心、兴趣爱好得到了保护和发展，学生的质疑意识、批判与反思的精神得到鼓励，责任感和合作意识也有了较明显的提高；学校生活发生了可喜的变化，师生互动、平等参与的局面正在形成；乐于探究、主动参与、勤于动手成为教学过程中教师的共识；与新课程配套的中考改革方案已经形成，并在课程改革实验区积极实施。高中招生考试必须按照课程标准命题，考试结果以等级方式呈现；加强对学生日常表现的综合评价，并要求其结果必须在高中招生中有效应用；高中学校招生自主权进一步加大，为学生有个性的发展和学校有特色的办学提供保障；高中新课程实验已经显示出良好势头。不少高中学校在部分学科探索实行走班制、行政班与教学班相结合，教师依据个人所长开设更多的选修课，学生根据个人的兴趣爱好进行自主选修，这一切极大地调动了学生学习的主动性和学习潜力。

5. 第五阶段（2007年至今）：新课程反思，新课程常态化、纵深化发展阶段

义务教育课程改革走向深入，2008年、2009年又有一批省区进入高中新课程实验，除了一些尚未完成"普九"的西部省份外，普通高中新课程实验已扩展到25个省份，计划2010年前所有省、市、自治区将全部进入普通高中课程改革实验。

有关调查显示，教育系统及社会各界对课程改革给中国基础教育领域实施素质教育带来的积极推动作用给予高度评价，认为新课程的实施给中小学校带来了某些本质的、深刻的改变；义务教育新课程全面实施，高中新课程不断推进，但是如何全面实现新课程的内在价值，全面提高基础教育质量仍是重大挑战，课程改革面临再反思、再创业，向纵深推进，制度化常态化实施等问题。

2009年10月教育部在南京召开了全国新课程经验交流会，大会总结了新课程改革八年来的经验，梳理了存在的问题，部署了深化课程改

革的工作，揭开了深化新课程改革纵深发展新阶段的序幕。2010年5月，教育部颁布了《关于深化基础教育课程改革　进一步推进素质教育的意见》，进一步强调了深化基础教育课程改革重要性的认识，明确了深化基础教育课程改革的主要任务和保障机制建设，吹响了今后深化基础教育课程改革，全面推进素质教育的号角。2011年，教育部正式颁布了语文等19个学科新修订的课程标准，标志着新一轮课程改革实验阶段的结束，课程改革进入常态化阶段。2014年教育部印发《关于深化课程改革　全面落实立德树人根本任务的意见》，首次提出"五个统筹"和学生核心素养概念，明确了课程改革的十大任务，成为指导今后课程改革的纲领性文件。2015年以培养学生核心素养为目标的普通高中课程改革启动。具体说来，近几年基础教育课程改革取得的进展，大体可以体现在基础教育课程改革的机制创新、基础教育课程改革的理论探索和基础教育课程改革的实践推进三个方面。

第一，基础教育课程改革的机制创新。一是成立国家基础教育课程教材专家咨询委员会和国家基础教育课程教材专家工作委员会。为贯彻落实即将修订发布的国家中长期教育改革和发展规划纲要的精神，进一步加强基础教育课程教材管理和制度建设，完善决策程序，提高课程教材建设专业化水平，保障课程教材质量，教育部专门成立了基础教育课程教材工作领导小组；2010年4月专门成立了国家基础教育课程教材专家咨询委员会和国家基础教育课程教材专家工作委员会。国家基础教育课程教材专家工作委员会是组织专家配合、协助教育行政部门围绕国家基础教育课程教材建设开展专业工作的机构，由基础教育相关学科以及教育、课程、心理等领域的专家和教育教学一线专家116人组成，主要职责是组织研究制定基础教育国家课程方案和各学科课程标准，组织审议并提出审议意见；组织审核教材编写人员资格并提出审核意见，组织审查教材，协调处理教材审查中的重大问题；组织开展对课程教材重大问题的研究和监测评价；对地方和中小学课程改革工作进行专业指导和服务；接受教育部和国家基础教育课程教材工作领导小组交办的专题研究工作。

二是专家引领，实践反思，同伴互助，形成教育理论研究者（大学、科研院所人员）、教育实践工作者（校长、教研员、教师）和管理人员（行政人员）三者结合的良性合作运行机制。国家在一些师范大学设立基础教育课程研究中心，研究、指导本地区的课程改革。理论研究扎根到实践。到实践一线去感受教师和学生的生活，感受他们的智慧和创造，并和他们一起创造新实践的过程，是一个实践滋养理论研究人员的学术灵感和精神生活的过程。它使理论研究人员深切体验到实践内蕴的创造力和无比的丰富性，产生扎根实践的内在需要，逐渐养成从实践中提升、形成理论的能力与习惯。从实践工作者方面看，在理论和专业人员的指导下，实践者逐步认识到，教育教学实践必须有一定理论和方法论作指导，并带着这种理论去参与实践、解决实际问题，使共有的理论观念逐步得到验证和内化，最后在反思的基础上，经过长期的积淀，逐步使外在的理论变成实践者个人的理论。从教育行政人员方面看，必要的实验投入和政策支持，也是保障教育实验成效的必要条件，而且他们的参与，也会对管理和决策带来启示、感悟、借鉴和参照，进而影响教育决策的科学化水平。这种符合中国国情的教育实验合作团队和协作机制，培养和造就了一大批高素质的科研型教师队伍。

第二，基础教育课程改革的理论探索。相对于轰轰烈烈的课程改革实践来说，理论研究似乎被边缘化了。实际上，关于课程改革的理论探索和学术争鸣一直伴随着课程改革实践，从来没有停止过。限于篇幅，这里仅仅选取近年来有较大影响的相关著作，以窥见课程理论研究的进展情况。

一是课程改革基本理论问题（理论基础、育人理念与目标价值、文化选择、发展机制等）的研究。如丛立新和陈荟主编的《当前中国基础教育课程改革理论问题研究》（重庆大学出版社，2013 版）力图通过全面收集第八次基础教育课程改革相关争论内容，并在对相关材料进行整理的基础上，对课程改革的理论基础、推动模式、知识观、教学观、师生观和评价观展开全面的审视和反思，较为全面地梳理了课程改革十年来在理论研究上的探索成果。又如《基础教育课程改革的价值论探索》（罗生全著，西南大学出版社 2013 版）不仅对课程改革的价值形成基础、价值现实与价值实现的多维分析与理性建构的课程改革"形而上"与"形而下"的根本问题进行了探讨，也从理论与实践的张力关系为课程改革的理论发展与实践创新进行价值引导。再如《变革与反思：改革开放以来中国基础教育课程改革研究》（彭泽平著，电子科技大学出版社，2015 版）以辩证唯物主义和历史唯物主义作为指导，在充分占有文献资料的基础上，对改革开放以来中国基础教育课程改革进行了详尽的梳理与实事求是的分析评价，深入揭示了改革开放以来中国基础教育课程改革价值取向的嬗变及其背后的知识论与人学根源，总结了对当前中国基础教育课程改革的历史启示。

二是课程改革的专题理论研究。如《校本课程论：发展与创新》（范蔚、李宝庆编著，人民教育出版社，2011 年版）通过对校本课程发展概念、进程、意义的梳理，重点探讨了校本课程与学校文化建设的关系，对如何通过校本课程实践促进学校文化建设进行了回顾与展望，论述了校本课程发展和创新的文化使命问题。《校本课程论：发展与创新》分为上、下两编。上编对中国校本课程产生及发展的历程进行了反思，在此基础上概括出校本课程实践的经验教训，并对校本课程存在的价值和发展路向予以探讨。下编从学校文化建设的高度对校本课程发展的目标和内容进行了定位，阐发了校本课程存在的必要性和合理性，提出了以校本课程发展和创新带动学校文化建设的思路与对策。

三是基础教育课程改革政策与实践研究。如《中国基础教育课程改革推进研究》（杨九俊主编，江苏教育出版社，2012年版）以《基础教育课程改革纲要（试行）》的颁布为开端，全面、系统、深入地介绍了中国基础教育课程改革10多年来的进展、经验。本书共十三章，内容包括基础教育课程改革的时代背景，基础教育课程改革的整体设计，基础教育课程改革的推进过程与策略创新，学科课程标准的研制、实验与修订，以教科书为核心的课程资源建设等。又如《中国基础教育课程改革十年》（中国教科院课程教学研究中心编著，湖北教育出版社，2013版）一书，系统地梳理了中国课程改革的基本线索和相关文献，全面客观地研究分析中国基础教育课程改革十年来的总体进展、基本成效、推进策略、主要问题，深入总结了各地推进课程改革的主要经验和成功做法，通过问卷调查、个别访谈、讨论座谈等方式搜集了大量的第一手数据，基于这些数据和材料，深入分析了课程改革中的存在问题和原因，提出了深化课程改革的对策建议。内容包括基础教育课程与教材的管理制度创新、义务教育实验教材使用、课堂教学改革、中小学生学习方式、校本教研实施、教师适应新课程改革、课程资源开发利用、综合实践活动课程实施、评价与考试制度改革和当代国际基础教育课程改革的趋势与启示等方面。本书既是对课程改革十年的现状分析总结，又为推进课程改革提供了政策咨询。

第三，基础教育课程改革的实践推进。一是修订课程标准，深入贯彻"德育为先，能力为重，全面发展"的育人理念。课程标准作为中国基础教育课程改革的重要文件，直接引领着中国基础教育课程改革的方向。《教育纲要》为基础教育课程改革提出了新的育人目标，在这一育人目标的指导下，教育部组织专家对义务教育课程标准进行全面审视，系统梳理，认真修订。本次课程标准修订充分结合了中国基础教育改革的实际，深入分析了教育部自2003年启动的专家跟踪实验所获得的数据，针对课程改革中存在的突出问题认真调整课程内容，科学设计课程难度，于2010年完成了义务教育各学科标准的修订稿。2011年，教育部委托基础教育课程教材专家工作委员会对课程标准修订稿进行了审议，并于2011年底颁布了义务教育各学科课程标准。

本次课标修订的最大特征是坚持了"德育为先，能力为重，与时俱进，减轻负担"的素质教育理念和要求。修订后的义务教育课程标准结合学科特点和学生的年龄特征，进一步加强了德育；特别强调能力培养，进一步丰富了能力培养的基本内涵，如数学课程把传统的"双基"目标发展为"四基"，增加了"基本活动经验、基本思想"的新要求；强调课程的时代性，加强课程内容与现代社会、科技发展以及学生生活的联系；依据小学阶段不同年龄学生语言发展特点和小学语文识字、写字教学情况调查结果，修订后的语文课程标准对小学不同年级学生写字量做了适当调整，以更好地遵循识字写字循序渐进的规律；努力从儿童身心发展的特点和需要出发，科学合理地安排课程容量和难度，确实减轻了学生的课业负担。

在完成义务教育阶段19个学科课程标准修订工作之后，教育部于2014年启动了普通高中语文、数学、化学、历史等学科的课程标准修订工作，并将在未来几年完成高中阶段各学科课程标准的修订。

二是调整教科书，充分挖掘"核心内容"，培养学生的核心素养。教科书是指依据课程标准编制的，能系统地反映学科内容的教学用书，是对某学科现有知识和成果的综合归纳和系统阐述，是课程标准的具体化。截至 2009 年，列入教育部课程标准实验教学用书目录的教材已达 222 套。2011 年底各学科课程标准颁布后，各学科各版本教科书开始调整。本次教科书调整过程中，各教材编写组主要是依据 2011 版课程标准提出的课程目标，结合新课程十年来教材实验的成果以及 2009 年教育部关于教材使用情况的调研数据，在保持教材体系相对稳定、考虑使用教材的惯性的基础上，充分挖掘本学科核心内容的功能与价值，力求在新版教材中充分彰显学科的育人价值，做出合理的调整。

重视和挖掘教科书的"核心内容"，就是要着力培养学生的"核心素养"。近年来，国际组织和许多国家、地区相继构建学生核心素养框架，"核心素养"成为一个统帅各国教育改革的上位概念，引领并拉动课程教材改革、教学方式变革、教师专业发展和教学质量评价等关键性教育活动。**核心素养是学生适应个人终身发展和社会发展所需的必备品格和关键能力，是所有学生应具有的最关键、最必要的共同素养（知识、能力和态度）**。2016 年 9 月，北京师范大学课题组正式发布《中国学生发展核心素养框架》。目前，国家正组织力量依据中国学生核心素养框架，按照学生身心发展的特点和规律把核心素养细化为不同阶段、不同学科的目标和内容。这已经较好地体现在课标、教科书的修订中，并会更好地贯彻和体现在普通高中课程标准和教科书的修订中。

调整后的义务教育各科教科书已于 2012 年秋季学期开始使用，经过几年的实践，新版教科书的推广实现了平稳过渡，教科书难度更加合理，学科内容的挖掘更加深刻，使得各学科教科书彰显了学科的独有育人价值。

三是三级课程管理体系逐渐完善，特色课程开发与实施成为课程改革的新亮点。随着课程改革不断深化，各省、市、自治区都将课程的三级管理作为推进新课程各项工作的重要途径。经过各方努力，目前大部分地区已经实现了国家课程的全面落实，即国家课程开课率达 100%。尤其是国家级基础教育均衡区（县）的评选，使得偏远地区的薄弱学校配齐了各学科教师，具备了开设所有学科课程的能力，极大地提高了国家课程的开课率。

除了落实国家课程，各地区地方课程的开发与实施初显规模，部分地区实现常态化。近年来，各地区大力发展地方课程，部分地区通过社会大课堂的建设，充分调动社会各界人士，挖掘各类社会资源参与到地方课程的开发与实施中。例如，北京市教委启动的"社会大课堂——北京市中小学生成长计划"活动，就以遍布北京大街小巷的名胜古迹、爱国主义教育活动基地、博物馆、科研院所、科技场馆、体育场馆、企业、社区等资源开发了大量的特色地方课程，并采用线上与线下相结合的方式为学生提供了丰富的课程资源，形成了极具地方特色的课程体系，为学生的地方课程学习、综合实践活动开展提供了有力的支持。

在地方课程不断繁荣发展的基础上，校本课程的开发与实施得到了较好的落实，并初步形成了以校本课程建设为核心，推动学校特色发展的基本思路。**校本课程是基于学校的基本情况，以学校为本位，由学校自己确定，以尽可能满足所有学生的学习需求而开发的课程。**从近年一些学校的实践来看，校本课程的开发与实施已经成为推动新课程改革内涵发展，促进学校变革的强大动力。校本课程的开发与实施给学生提供丰富的可供选择的课程，满足学生的不同发展需求，不断创造适合学生发展的教育。

四是课堂教学凸显学科特色，"促进学生健康成长"成为教学改革的追求。课堂是教育的主战场，追求优质的课堂是教育活动的核心主题。在新的教育观念与课程理念的引导下，中国中小学课堂教学的理论研究与实践探索空前活跃。新课程理念深入人心，自主、合作、探究的学习方式与启发、讨论、参与的教学方式不断得到推广。课堂教学体现出新的基调和特征：**"育人为本"是课堂教学的根本要求，"立德树人"是课堂教学的核心主题，"将积极的情感、端正的态度、正确的价值观自然融入课程教学全过程"是课堂教学的关键环节，而"促进学生健康成长"成为中国中小学优质课堂教学的宗旨追求**。在此引导下，教育理论研究者与一线教师对课堂教学的研究更加深入具体，更加强调学科的本质和特点，凸显学科知识的育人价值。

在 2014 年国家级教学成果奖获奖项目中，多项课堂教学研究成果都是基于具体学科教学研究开展的，如李吉林完成的"情境教育实践探索与理论研究"，窦桂梅等完成的"小学语文主题教学实践研究"，江建敏等完成的"创建生物情景教室促进生物教学改革"等。这一现象说明，随着新课程改革的不断深入，课堂教学改革更加凸显学科特色，各学科核心知识正通过课堂教学的变革发挥独有的育人价值，从而促进学生的健康成长。

五是教师专业发展目标明确，互助合作的教师培训体系逐步形成。教师队伍建设是促进课程改革的一项极为重要的工作，在历次课程改革中，从国家到地方再到学校，一直把教师培训和教师专业发展作为课程改革的重中之重。为促进教师专业发展，建设高素质教师队伍，2012 年 2 月 10 日，教育部下发《关于印发〈幼儿园教师专业标准（试行）〉〈小学教师专业标准（试行）〉和〈中学教师专业标准（试行）〉的通知》（教师（2012）1 号）。这些专业标准明确了国家对合格教师专业素质的基本要求，是教师实施教育教学行为的基本规范，是引领教师专业发展的基本准则，是教师培养、准入、培训、考核等工作的重要依据。教师专业标准提出的**"师德为先，学生为本，能力为重，终身学习"**的基本理念为教师专业发展指明了方向。

为落实教师专业标准的各项要求，各地开始探索教师专业发展的新模式，探索出了"研训一体化"的教师培训体系，即基于学校和教师的工作实际，以课堂教学研究为中心，以课题研究为主线，将日常教学研究与教师培训、教育科研相结合，多角度促进教师专业发展。在"研训一体化"框架下，又产生了"校本研修""校际协作""区域联动""U-S合作模式（大学和中小学合作模式）"等一系列有特色的教师专业发展模式。这些模式有效地保障了教师专业发展活动的实效性、规范性和参与性，提高教师教育教学水平的同时，为教师之间的互动搭建了平台，真正实现了教师群体互助、合作发展。

六是考试评价制度改革取得突破性进展，高中学业水平考试及学生综合素质评价成为焦点。为深化考试招生制度改革，2014年国务院颁布了《国务院关于深化考试招生制度改革的实施意见》，提出了"2014年启动考试招生制度改革试点，2017年全面推进，到2020年基本建立中国特色现代教育考试招生制度，形成分类考试、综合评价、多元录取的考试招生模式，健全促进公平、科学选才、监督有力的体制机制，构建衔接沟通各级各类教育、认可多种学习成果的终身学习立交桥"的总体目标。改进招生计划分配方式，提高中西部地区和人口大省高考录取率，增加农村学生上重点高校人数，完善中小学招生办法破解择校难题；改革考试形式和内容，完善高中学业水平考试，规范高中学生综合素质评价，加快推进高职院校分类考试，深化高考考试内容改革；改革招生录取机制，减少和规范考试加分，完善和规范自主招生，完善高校招生选拔机制，改进录取方式，拓宽社会成员终身学习通道；改革监督管理机制，加大违规查处力度。统筹规划、试点先行、分步实施、有序推进等成为未来中国基础教育考试评价改革的重要工作。

为切实推进考试招生制度改革，建立促进学生发展的评价体系，教育部于 2014 年 12 月出台了《关于普通高中学业水平考试的实施意见》和《关于加强和改进普通高中学生综合素质评价的意见》等四个配套文件，从将高中学业水平考试和学生综合素质评价纳入高考两个方面促进考试招生制度改革。学业水平考试主要衡量学生达到国家规定学习要求的程度，是保障教育教学质量的一项重要制度。综合素质评价则是促进学生德智体美全面发展，培养个性特长，扭转唯分数论的重要举措。这次改革重在进一步规范，确保程序公开透明、内容真实准确。其中，上海市和浙江省分别出台新的高考方案，2014 年秋季新入学的高一学生将率先实施新方案，探索招生考试制度改革。

二、基础教育课程改革的问题与挑战 ①

尽管新一轮基础教育课程改革取得了明显成效，积累了丰富的经验，但是从现实情况看，深化课程改革并把改革推向新阶段，仍面临着环境与观念转变、制度完善、教师提高、投入和保障等方面的问题与挑战，这些问题与挑战在广大农村地区表现得尤为明显。我们在实地调研中发现，农村的师资、课程资源等还不能满足课改需要，传统的教育观念和教学方式仍然反映在广大农村中小学的课堂。基础教育课程改革国家评估结果也显示，课程改革推进进程城乡差异明显，农村地区对课程改革的信心、对课程理念和课程改革目标的可实现程度的估计、对新课程教学方式的认可等都明显低于城市地区。通过调研分析，这些挑战和问题主要表现在观念认识层面、政策管理层面、理论研究（专业支持）层面、

---

① 本部分参考了中央教育科学研究所课程教学研究中心 2008 年基本科研业务费课题的调研数据。

操作实施层面、资源保障层面和社会支持层面。

（一）观念认识尚需提高深化

教育行政部门的一些主要负责人对基础教育课程改革的重大意义认识还不到位，还没有从社会、时代发展对人才的新要求和全面实施素质教育的战略高度，深刻认识基础教育课程改革的重要性和必要性，对课程改革的目标任务不甚了解，没有从根本上树立正确的教育质量观，依旧存在以升学率评价学校办学和教师教学的简单做法，存在着消极观望、规避风险、无所作为的倾向，致使课程改革出现推进乏力、留于表面、应付拖沓等现象。我们通过对部分省市关于新课程教科书选用情况的调研发现，一些教师甚至是教育管理者对此轮课程改革的一些理念理解得不够透彻，特别是对评价制度改革、教材多样化、用教材教而不是教教材的认识不足，不能充分做到以培养创新精神和实践能力为重点，促进每个学生身心健康发展，满足每个学生终身发展的需要。另外，教材的选用政策和方法还未被学校和教师所了解，广大教师甚至包括各级教育行政部门对教材选用的意义认识不到位。

（二）政策管理尚需规范加强

一是对农村课程改革的政策关照尚需加强。课改以来颁布了一系列课程政策文件，主要包括三个层面：课程的总纲、学段实验方案和学科课程标准、专题性或单科性指导意见。此外，还有一些补充性的规定。这些课程改革的政策文件在对全国课程改革发挥引领和指导作用的同时，却表现出对农村的改革问题关注不够，反映不足，尚需要进一步完善。2001 年教育部颁布的《基础教育课程改革纲要（试行）》共 9 个部分 20 个条目，其中只有第 2 部分第 6 条中专门讲农村课程改革，也就是说《基础教育课程改革纲要（试行）》关于农村课改的规定只有 1 条，仅占到总条目的 5%。**学科课程标准中选择的内容题材及其教学理念也与农村生活存在一定距离。**另外，在指导和规范部分新课程的政策文件不尽完善，如综合实践活动课程指导纲要至今未正式出台，制约了综合实践活动课的实施；部分学科缺少相应的学科教学指南，教师特别是农村教师开展新课程教学依据不足。尽管课程标准有"教学建议"，但其中的若干阐述比较含糊、笼统，缺少对教师明确、细致的指导，使得相当多的一线教师特别是农村教师不能真正理解课程标准。

二是课程改革质量监测评估体系不完善。其一，目前还未建立起健全的课程监测评估体系。教育部虽然在北师大和华东师大建立了基础教育质量监测中心，但尚属于起步和经验积累阶段，而且对中国幅员辽阔又差异明显的实际来说，很难全面、准确把握各地基础教育质量，特别是课程改革的整体状况。其二，在广大的农村地区还没有建立起有效指导当地基础教育课程改革研究和资源开发的实验基地和机构，**中央与地方、政府与学校、教师与专业支持队伍之间未能建立有效沟通机制，不能全面地反映基础教育课程改革的实际状况，**特别是农村学校实施新课程过程中遇到的困难和问题不能及时反馈，独特的课改案例和成功经验不能得到很好的总结和推广。不完善的课程改革监测评估体系和机制，制约了基础教育课程的步伐。

（三）理论研究支撑不足

首先，基于新课程改革的基础理论研究严重滞后，既有的一些研究只是从改革的外围或表层做文章，或是对一些理念、理论基础是否适合国情的争论，没有形成或提出如何完善本次课程改革和教学理论体系的理论。加强指导课程改革的基本理论问题研究，已是课程论和教学论研究者的当务之急。其次，基于中国中小学实际的研究仍然不足。各学科课程标准研制初期虽然开展了若干专题研究，进行了一定的调研，但是主要依据的仍然是传统与经验，由于时间紧迫和经费不足，基础性研究薄弱，特别是教学研究薄弱，目前的教学研究还不足以支撑一个高质量的国家课程标准及其实施。同时，基于中国国情，解决实际问题的研究甚少，缺乏立足本土，用于支持一线教师课程实施的优秀案例和典型素材。在教师培训过程中，尽管也采用了一些案例与材料，但国外案例与材料偏多，概念与理论偏多，针对中国实际的案例与材料却很少，对教师教学的有效指导不够，培训实效性有待提高。

（四）操作实施难度较大

许多学校尤其是农村学校适应新课程与教学难度大。本次课程改革不是单方面的局部改革，而是从育人观、发展观的根本性转变出发，对课程目标、课程结构、课程内容、教学方式、课程评价、课程管理进行全面的调整和革新。改革本身的系统性、复杂性所造成的难度在教师整体水平偏低的农村学校显得更加突出，学校和教师适应难度较大。其主要表现为：

一是对综合课程适应较困难。本次课程改革强调课程结构的综合性，小学以综合课程为主，初中设置分科与综合相结合的课程，农村教师适应起来较困难。

二是对实施探究教学不太适应。本次课改强调引导学生主动参与、乐于探究，培养学生搜集和处理信息的能力、获取新知识的能力、分析和解决问题的能力以及交流与合作的能力。但调查中了解到，许多农村教师反映"现在探究的内容多，但探究是什么？我们对这个概念特别模糊，虽然参加了很多培训，但也没有真正讲清楚……再说，都是探究，没有教师的教授，学生根本没办法学习"。可见，老师们对新课程倡导的探究式学习和合作学习的理念还不能深刻理解，观念上未能完全接受，实践中还不会操作，不知如何把握、如何组织，难以保证教学质量。另外，只有课程标准，缺少教学指南和学习质量评价标准，给中小学教师实践新课程带来了许多障碍与困难。教师普遍反映，**课程标准中的教学要求比较概括，过于笼统，缺乏可操作性，这不利于教师把握教学内容的广度与深度。**

三是部分课程（主要是综合实践活动课）实施艰难。据我们调查，综合实践活动实施的总体状况为：就全国范围看，**城市开设较好，农村开设较差；**小学阶段开设较好（无升学压力），中学阶段难以推进。国家规定综合实践活动平均每周达到 3 课时，但调查表明不足 20% 的学生表示能开到 3 课时，近 25% 的学生表示没有固定课时开课。在仅有的课时中，还有 31.9% 的学生反映有时改上其他课，8.8% 的学生表示都改上其他课，且初中比小学更明显。可见，综合实践活动课程只在部分学校、部分班级中开设，并且仅仅停留在公开课和观摩课层面上，特别是有些农村学校，还只是一门课程表上有而实际未开设的课程。

（五）资源保障相对匮乏

学校课程资源严重不足，教师意见反映强烈。我们在东中西 16 个省、市、自治区"新课程资源开发情况调查"中了解到，近 300 所学校中，接近 90% 的农村学校反映现有资源不能或不能完全满足新课程的要求，尤其是缺少实验室、语音室、计算机教室、多媒体教室等现代化教学设施。如信息技术教育是实践性和操作性很强的学科，但多数农村学校现代化教学设施不足，难以进行正常教学。有 20.8% 的教师认为在进入新课程后，最大的困难是缺少教参，有 41.6% 的教师认为开设校本课程的主要困难是缺少相关资源。在回答"您认为本次课改存在的主要问题是什么"时，许多教师反映："相关资料不齐全，使教师束手无策"，"学生希望能够自己动手操作，但因设施设备缺乏，学生主要的学习方式还是做练习和听老师讲课"。课程资源不足直接影响到体现本次新课程改革亮点之一的综合实践活动课的有效实施。

（六）社会专业支持力度较弱

教师是实施课程改革的主体力量，坚强有力的教师培训和扎实有效的专业发展支持机制，是推进基础教育课程改革的根本保证。目前，各级学校完备的专业支持机制依然没有很好地建立起来。我们对全国六省区开展的校本教研实施状况调查显示，70%以上的教师不能经常得到专家指导，32.1%的教师表示从来没有"得到校外专家的指导或培训"；从校本教研成效看，多数教师感到其未能充分发挥促进专业成长的价值，如64.4%的教师认为教研内容主要围绕着考试进行，而缺乏对教师教学能力、研究能力、持续发展能力的培养；从地域上看，东部地区较中西部地区、城市学校较农村学校、重点学校较薄弱学校开展得好。另外，在许多地区，特别是西部农村，教研员量少质低，难以承担繁重的教学指导任务。

三、基础教育课程改革的阶段性特征

以2011年义务教育阶段课程标准修订为标志，中国基础教育课程改革已经由实践探索进入了全面推进、提升质量的新阶段，即课程改革进入了常态化阶段。在这个阶段中，新老矛盾和问题相互交织，机遇和挑战依然并存，课程改革进入了攻坚期和深水区。调查表明，课程改革的实际效果与改革的目标以及人们的期待之间有较大距离，特别是高中课程改革的现状远远不能令人乐观。如何坚定课程改革的信心，把握好课程改革的机遇，正确处理好课程改革的矛盾和问题，把基础教育课程改革引向深入，是广大教育系统工作者紧迫而现实的课题。而立足现实，客观分析课程改革的现阶段的特征是深化课程改革的前提和依据。

（一）符合时代精神和素质教育要求的基础教育课程体系初步建立，但课程体系的科学性和有效性尚需加强

一是整体构建基础教育课程体系。围绕立德树人的根本任务，整体构建了义务教育、普通高中相互衔接的基础教育课程体系，整体规划大、中、小学德育课程，提升课程的综合育人水平。二是研制中国学生发展核心素养体系。根据学生的成长规律和社会对人才的需求，将学生德智体美全面发展的总体要求和社会主义核心价值观的有关内容具体化、细化，提出了学生应具备的适应个人终身发展和社会发展需要的必备品格、关键能力，以学生核心素养为依据，全面启动普通高中课程标准的修订工作。三是全面加强教材体系建设。系统修订完成义务教育各科教材，统一组织编写义务教育语文、历史和德育三科教材，进一步加强书法教材，规范了教科书的选用秩序。四是建构评价和考试制度改革的保障体系。教育部研制出台了《关于普通高中学业水平考试的实施意见》《关于加强和改进普通高中学生综合素质评价的意见》，既是考试招生制度改革的突破口和切入点，也是切实扭转应试教育倾向，深入推进实施素质教育，促进学生全面发展、健康成长的重要制度建设，奠定了高考综合改革"两依据一参考"的制度框架。

尽管如此，**部分课程如德育课程的针对性和实效性有待加强，学校重智轻德，单纯追求分数和升学率，学生的社会责任感、创新精神**

和实践能力较为薄弱；中小学课程目标有机衔接不够，部分学科内容交叉重复，课程教材的系统性、适宜性不强；与课程改革相适应的考试招生、评价制度不配套，制约着改革的全面推进。

（二）中小学教学观念和方式持续更新，但教师实施课程的能力有待提高

为深化基础教育课程改革，全面推进素质教育，落实立德树人根本任务，国家全面推动教育教学改革，不断创新人才培养模式，中小学教师的教育教学观念和方式发生了积极良好的转变。教育部素质教育调研组经过系统调查后指出，基础教育课程改革为学校带来了一些具有本质意义的变化，促使教师的教学方式、学生的学习方式发生着积极而深刻的改变。[①]实践证明，随着课程改革的不断深化，德育为先、能力为重、全面发展的素质教育理念已经深入人心，立德树人根本任务正在得到落实。可见，本次课程改革的方向和目标是正确的，成效是显著的。

另一方面，作为推进课程改革实践主体的教师，其课程的实施能力不强，已经成为制约课程改革的关键因素。现实中相当多的教师特别是中西部农村教师对新课程适应性较弱，课程实施能力不强，部分课程特别是综合实践活动课程、探究性教学方式运用等开展困难，教师的课程资源开发利用不足。比如，在学校开设的课程中，社会看重的依然是语文、数学、英语等"考试性科目"，体育、艺术尤其是综合实践等课程实际上仍然面临着生存的威胁。[②]

---

① 教育部素质教育调研组. 共同的关注：素质教育系统调研 [M]．北京：教育科学出版社，2006.

② 刘坚. 新世纪的课程变革：亲历者的视角 [J]．北京大学教育评论，2013（4）.

（三）各地区创造和积累了丰富的改革实践成果和经验，但系统总结和推广的任务繁重

中国教育历来都不乏基层和实践的成果和创造。在国家基础教育课程改革政策的激励和引领下，在课程教学领域围绕"培养什么样的人，怎样培养人"的核心主题，各地区、各学校因地制宜，积极探索，取得了丰硕的成果，积累了成功的经验。为推进《国家中长期教育改革和发展规划纲要（2010—2020 年）》的全面落实，2010 年教育部开展素质教育改革试点，遴选启动全国 20 个省 41 个素质教育改革试点项目；同时启动基础教育课程改革教学研究成果奖征集评选活动，共评出 343 项成果。2014 年，教育部组织开展了首届基础教育国家级教学成果奖评选，最终评出 417 项获奖成果。这是新中国成立以来，基础教育领域的第一个国家级教学成果奖，是对十多年基础教育课程教学改革实践成果的检验、展示和应用，集中反映出各地在推进课程改革理论与实践中的智慧和创新。首届基教类教学成果奖获奖项目中，获奖数量位列前三名的是教学、课程、育人模式（分别为 183 项、94 项、30 项），这基本反映了当前中国基础教育课程改革的重点领域。

然而，首届基教类教学成果奖的区域分布极不均衡，区域内的省际差异也比较明显，如本届共评出特等奖 2 项，均在东部地区；一等奖共 48 项，东部获得 41 项，占 85.41%，远远超过中部和西部奖项数量之和（7 项），为中部和西部之和的 5.9 倍；二等奖共 367 项，东部获奖为 231 项，占 62.94%，也远远超过中部和西部奖项数量之和。而且，东、中、西部三大地区内部各省份获奖数量差异也很大。东部地区获奖的单位主要集中在江苏（57 项）、北京（40 项）、浙江（39 项）、上海（36 项）等省市，而河北、福建等省所获奖项相对较少，只有几项；中部地区则集中在湖北、湖南、河南，数量级为两位数，而安徽、江西等地的获奖数量为一位数；西部地区基本集中于四川、重庆，陕西、广西，数量级也为两位数，而其他省区较少获得。这种成果分布极不均衡的事实表明，对于经济水平和文化发展水平较低的广大的中西部地区产生高质量的改革成果不易，引进、推广发达地区的成果更加困难，即使在发达的东部地区要想大面积地推广运用也不是一件容易的事。事实上，国内外的教育发展实践也证明，部分地区从来都不乏点点滴滴的成果和经验，但系统总结和推广的成果和经验却凤毛麟角。可见，基础教育课程改革还在路上。

四、推进基础教育课程改革的政策走向

（一）完善基于核心素养的课程标准体系

按照中国学生核心素养目标要求和国际化趋势，在"关注学生发展，培养学生核心素养"教育改革趋势的影响下，各国落实学生核心素养的一个重要方式就是基于核心素养进行课程体系改革。现代课程体系应至少含有四个部分：①具体化的教学目标，即描述课程教学所要达到的目标，需落实到要培养学生哪些核心素养；②内容标准，即规定学生在具体核心学科领域（如数学、阅读、科学等）应知应会的知识技能等；③机会标准，即为保障受教育者的学习质量所提供的教育经验和资源，包括课堂讲授内容的结构、组织安排、重点处理及传授方式，以及学校公平性、教育资源的分配、学习环境的创设等，也称为"教学过程""教学建议"等；④质量标准，即描述经历一段时间教育之后，学生在知识技能、继续接受教育、适应未来社会等方面应该或必须达到的基本能力

水平和程度要求。应根据国际经验和中国课程改革目标，在中国建立基于核心素养的现代课程标准体系。

当前，世界很多国家或地区在其课程标准中均有与课程内容相对应的质量标准或能力表现标准，而中国现行课程标准主要是对课程内容的界定，虽然从知识和能力、过程和方法、情感态度和价值观三维角度对课程进行了说明，但主要对"学什么""学多少"讲得比较详细，大部分学科对学到什么程度要求不明确，难以量化、分级，缺乏明确、具体的能力表现标准，导致各地、各校评判教育质量的标准不一致。建立基于核心素养的课程体系，将学习内容要求和质量要求有机结合在一起，完善现行课程标准，明确学生完成不同学段、不同年级、不同学科学习内容后应该达到的具体水平和程度要求，并进一步丰富质量评估内容和手段，以指导教师准确把握教学的深度和广度，使考试评价更加准确反映新时期的人才培养要求。

（二）加快推进学校课程建设

按照核心素养的目标要求，遵循课程基本原理，合理整合国家、地方、校本三级课程内容和结构，梳理分析学科间、学科内、校内外课程内容和资源，逐步形成符合学校办学理念和育人目标的、具有学校特色的课程构架和课程设置方案，推动中小学课程体系的科学化、优质化和多样化。

一是正确认识课程建设在整个学校育人体系中的地位和作用。学校改革发展的根本在于课程改革，具有实体性、中介性和标杆性。实体性表明课程是学校教育教学思想、目标、理念、知识和经验的载体和集合体；中介性表明课程是学校办学理念（育人目标）和教育内容转化为教师和学生行为的纽带，也是学校连接国家、社会和家长的桥梁；标杆性表明课程是学校教学活动的依据，为教学活动的开展提供规划、方案、标准和蓝图。

二是努力完成学校课程建设的三项基本工作。国家课程校本化实施，主要通过课程整合、主题实践活动的方式；学校课程体系建构，要根据课程结构原理和学校育人目标，优化学校课程结构，梳理、规整、增补现有课程，构建纵向分层（领域、学科、模块或主题）、横向分类（基础、拓展、实践探究）、学段衔接、学科关联的学校课程体系；校本课程开发。学校课程建设的实质就是优化课程结构，课程结构的优化要体现课程的均衡性、综合性和选择性，以更好地教和学，从而实现学校育人目标，而要体现课程的选择性，必须做好校本课程开发，以适应学生的个性化、多样化发展需求。

（三）深化基于课程标准的课堂教学改革

一是深入揭示现代课堂教学本质和规律，构建课堂教学质量标准框架。用动态的、整体的复杂性思维方式来深刻把握现代教学，审视和分析多重互动的教学关系和运行机制，建构新型教学形态；在总结课堂教学评价的文献研究、政策研究和实践案例研究基础上，通过分析课堂教学本质特征和复杂的教学关系，尝试性地建构一个"六关系维度、十三指标要素"的课堂教学评价标准框架[①]，并在课堂教学实践中修改、细化与完善，以期研究提出以核心素养目标为统领，优质课堂教学或"好课堂"的评价标准和指标体系。

二是探索"互联网＋"、大数据背景下教学内容、方式和路径的创新策略。把握现代课堂教学的走向和趋势，开展课堂观察、教学行为

---

① 郝志军.中小学课堂教学评价的反思与建构[J].教育研究,2015(2).（详见第八章。）

分析，提出精准教学建议，推进现代信息技术与教学的深度整合。不能仅仅把计算机等现代教学媒体作为教学的辅助工具或研究的一个因素，要在现代信息技术与课程、教学整合的视野中，在信息网络的多维情境中，多层次、多角度地审视和构建教学，积极寻求与信息技术专家、课程论专家的联手与合作，共同关注和开发有效的教学模式。

三是探索区域教改实验，提炼典型教学案例和教学模式。在课堂观察和分析的基础上，开展优质课例研究，说课、摩课、评课相结合，观摩、反思、建构相结合，同伴、专家、实践相结合，推出相关学科的优质课和精品课，提炼出学校多样化的误堂教学模式。在教学改革实践和教学研究实践中，提升教师的专业发展和教学质量。从学科改革的视角研究区域基础教育课程改革的进展。通过数学、语文、外语、品德等主干学科的改革进展研究，以小见大，从中窥见基础教育课程改革的现状和问题，提出有针对性的对策建议和改进举措。

（四）通过优化研训体系提升教师实施课程改革的执行力

"教学—研究—培训"三位一体是促进教师专业发展的有效机制，其中的关键是在教学和培训中强化研究成分，实现真正的研训。提供多样化的研训形式，提高教师参与研训的主动性。

一是积极鼓励教师参与自主性研训，促进教师从研训的他律走向自律状态。有的教师适合同伴互助性的，有的教师适合个体自修式的，所以有必要为不同教师提供相应的研训环境，促进教师早日建立自律的研训活动意识与自律的研训行为。

二是优化研训方式，如在集体备课中激发教师的积极思考，使教师不但"身"在研训情境中，而且"思"游于研训情境之内，确保每位教师的思想走进研训活动情境中；观摩教学加强"观与摩"的结合，把"摩"

放在重点位置；研究课有待于加强参与研训的教师共同研究的本质特点，而并不是研训员或主讲人独立研究，突出"共同研究"的特点。

三是提高每位教师在课题研究活动、学科研修班、学科名师班以及国培班、博客交流等活动中的参与机会。

四是积极开发"云教研"，让每个教师拥有平等的参与机会。**"云教研"是指在现代教育思想指导下，以互联网、移动通信网以及教育城域网和云计算技术为依托，优化区域内各种教育资源，用科学教育方法对学科教育领域的实践和理论进行有意识探索的新型教学研究模式。**教师通过"云教研"平台开展主题研讨，参与在线备课、在线评课等网络教研活动，通过网络与教育名家、优秀教师进行深度的交流获取先进的教学经验，形成任务驱动、课题带动、条块联动、片区联动、教师主动、人人行动的教研模式，拓展了教研的深度与广度。

五是加强教师参与研训的过程与组织管理，如研训现场环境的布置、研训活动参与者的形象文化以及教师参与的具体途径的设计与管理。

（五）完善基础教育课程教学质量检测评估体系

目前中国尚未建立健全的课程监测体系。建议尽快建立以教育部基础质量监测中心为牵头单位，各省、市、县监测中心组成的基础教育质量监测网，建立课程改革实施过程的评估与公告制度，全面地反映基础教育课程改革的实际状况，及时反馈农村学校实施新课程过程中遇到的困难和问题，并在此基础上总结和推广独特的课改案例和成功经验。建立基础教育课程改革实施监控体系，以政府购买服务的方式，依托现有国家级教育研究机构和各省教科院所，对课程改革实施状况进行过程监控，及时反馈课程方案在不同地区、不同学校的实施程度、水平和相关举措，积累数据和案例，为课程方案、课程标准的修订提供实践依据，为课程的不断革新提供自下而上的推动力。逐步实现国家教育督导工作重心的转移，从对基础教育事业发展方面的督导转向对教育质量的监测和评估。定期对不同学段、不同科目、不同区域的教育教学质量进行督导检查，对学生的学业成就进行抽样测试，评估达标程度，并基于影响因素分析进行干预，提高教育教学质量。

（六）强化中国特色基础教育课程理论研究

中国特色基础教育课程理论是引领中国基础教育改革发展的重要依据。中国特色基础教育课程理论建设要以马克思主义为指导，不断弘扬中国优秀的教育教学思想，系统总结中国基础教育课程改革的基本经验，借鉴国外课程改革的最新成果，深入研究课程改革与发展中的重大问题，努力构建指导和引领中国基础教育课程改革与发展的课程理论体系。教育科研系统和高等院校应在课程理论建设方面发挥主导和示范作用。以教育部委托的 17 个师范大学和中国教育科学研究院基础教育课程研究中心为依托，不断加强基于中国中小学实际和解决实际问题的案例研究、课例研究和合作行动研究，尽快开发出用于支持一线教师课程实施的优秀案例和典型素材，不断提高教师实施课程的专业能力和理论水平。

第三章

基础教育课程改革的若干热点问题

本章主要探讨和分析课程标准和教材建设问题以及课程改革中的公平问题，特别探讨了深化农村基础教育改革和消除大班额问题，在调研、分析的基础上，提出了改进的政策建议。

一、课程标准与教材建设

迄今为止，除综合实践活动外，义务教育阶段和普通高中阶段的各学科均已出台了国家课程标准，初步建立起了相对完善的课程标准体系，这是中国基础教育课程改革迈向标准化时代的重要标志。我国自 20 世纪 80 年代中期开始实行中小学教材审定制以来，教材管理制度不断完善，有力地促进了教材多样化政策的落实。但是，课程与教材标准建设同社会和人的发展需求尚有不小距离，课程标准对农村地区实际的关注尚有不足，课程标准体系和教材标准体系尚不完备，教材管理制度仍有很大的提升空间，学科课程标准结构有待进一步完善。建议更加关注广大农村地区的教育教学实际，在课程标准中增加相应的评价标准和机会标准，尽快出台综合实践活动指导纲要，明确修订教材质量的国家标准，完善课程标准体系和中小学教材标准体系。

（一）课程与教材标准建设成为中国基础教育改革迈向标准化时代的重要标志

课程标准是国家对基础教育课程的基本规范和质量要求，是教材编写、教学、评估和考试命题的基本依据，是国家管理和评价课程的基础。[①]课程标准体现国家对不同阶段的学生在知识与技能、过程与方法、情感态度与价值观等方面的基本要求，规定各门课程的性质、目标、内容

---

① 钟启泉，崔允漷，张华，主编. 为了中华民族的复兴为了每位学生的发展：基础教育课程改革纲要（试行）解读［M］. 上海：华东师范大学出版社，2001.

框架，提出教学和评价建议。可见，课程标准与框架是整个基础教育课程改革系统工程中的一个重要枢纽。教材是使学生达到课程标准所规定的质量要求的内容载体，是教师教学与学生学习的主要工具。

课程标准是在全面推进素质教育的方针指导下，体现人才培养的国家意志和政府对基础教育课程的基本规范和要求，兼有指令性与指导性的文本，成为课程开发与实施、课程管理与评价的依据。**以"课程标准"的方式阐述课程目标、设计课程内容，这是中国自1952年来的第一次。**回顾课程标准的制定过程，可以看到，编制者们在努力体现课程改革指导纲要的精神，体现课程全面育人的功能，关注学生的全面发展，体现学习内容与科学技术发展、与学生生活相联系，给予教材编写者以更大的空间，激发和引导广大教师的创新意识，倡导多种学习方式等方面做出了积极的努力和可贵的尝试。迄今为止，除综合实践活动外，义务教育阶段和普通高中阶段的各学科均已出台了课程标准，初步建立起了相对完善的课程标准体系，这是中国基础教育课程改革迈向标准化时代的重要标志。

1. 课程标准凸显时代精神和素质教育要求

以课程标准取代教学大纲是本次课程改革的显著标志之一。课程标准无论从目标、要求还是结构、体例都是全新的，蕴含着素质教育的理念，体现着鲜明的时代气息。

（1）课程标准着眼于未来国民素质的养成

课程标准与教学大纲的不同之处在于，**课程标准中规定的是国家对未来国民各方面素质的基本要求，而不是过多地规定通过怎样的教学过程达到这一要求，因此，对未来国民素质的目标要求和各学科应达到的标准就成为各学科课程标准的核心内容。**课程标准规定了国家对不同阶段的学生在知识与技能、过程与方法、情感态度与价值观等方面的基本要求。这些要求蕴含了素质教育理念，反映了学科发展特点和学生身心发展规律，是对不同阶段学生素质发展的基本规定。

（2）课程标准更关注学生学习的过程与方法、情感态度与价值观

与教学大纲相比，课程标准最显著的变化是课程目标发生了根本改变，课程的功能转向关注学生学习的过程与方法、情感态度与价值观。因此，新课程标准不仅对学生的认知发展水平提出要求，同时，对学生学习过程与方法、情感态度与价值观方面的发展提出目标要求，这是一个根本性的变化，对培养新时期具有良好素质和竞争力的新一代具有重要意义。

（3）突破学科中心，为终身发展打基础

各科课程标准在研制过程中，首先根据基础教育的性质和时代的特点，确定哪些基础知识和基本技能是学生终身发展必备的，同时，重新界定新时期基础知识与基本技能的概念。课程标准中的内容标准部分，按照学习领域或主题组织学习内容，突破学科中心，精选终身学习必备的基础知识和技能，从而改变了课程内容繁、难、偏、旧的状况，密切了教科书与学生生活以及社会、科技发展的联系。

（4）注重学生的学，强调学会学习

传统的教学大纲更多地强调教师的教，课程标准则着眼于学生的学，对每一个阶段学生发展应达到的目标都提出具体的要求，做出详尽的规定。从这一点也可以看出，课程标准与教学大纲有着本质上的差别。新课程标准对改变课程功能，将素质教育落实到课堂教学中有着非同寻常的意义。**各学科课程标准力求通过加强过程性、体验性目标，以及对教材、教学、评价等方面的指导，引导学生主动参与、亲身实践、独立思考、合作探究，发展学生搜集和处理信息的能力、获取新知识的能力、分析解决问题的能力以及交流与合作的能力。**

（5）课程标准提出了多元评价建议

当前课程评价更加关注人的发展过程，并呈现出多元化趋势。中国课程标准将学生的发展、教师的发展与课程的发展融为一体。各学科课程标准普遍淡化了终结性评价和评价的筛选评判功能，强化了过程性评价和评价的教育发展功能。尤其是在过程性评价和自我评价方式方法上有许多新颖、活泼、可操作的创新之处。

（6）课程标准为教材编写者、教师教学及学业评价留下了创造空间

传统的教学大纲不仅对教学目标和教学内容做出清晰明确的规定，而且还规定了知识点的具体要求及深度、难度指标。这些对一线教师的教学有直接的指导作用，但规定得过于具体细致，不利于教师创造性地开展教学工作，尤其对教材的多样化发展没有留下足够的空间。而课程标准适应普及义务教育的要求，重点是对国民素质的基本要求做出规定，所提出的要求是基本的，是绝大多数学生经过努力都能够达到的，因此对教材编写、教师教学和学业评价的影响是间接的、指导性的、弹性的，给教材编写和教学留有一定的空间，便于教师准确把握课程标准，增强课程意识，提高对教材的驾驭能力，降低对教材的过分依赖，有利于拓展课程资源，创造性地开展教学。

2．教材标准建设不断完善，教材多样化格局初步形成

中国自 20 世纪 80 年代中期开始实行中小学教材审定制以来，教材管理制度不断完善，有力地促进了教材多样化政策的落实。[1]1986 年 9 月成立全国中小学教材审定委员会，颁布《全国中小学教材审定委员会工作章程》和《中小学教材审定标准》（1987 年 10 月）。《中小学教

---

① 　《基础教育教材建设丛书》编委会．中小学教材的编写出版［M］．北京：人民教育出版社，2003.

材审定标准》对中小学教材的内容、体系、文字插图、音像教材与教学挂图、教材中的练习和作业 5 个方面做了 24 条原则性规定，如对教材内容，提出本质性标准（体现教育性质、任务和学科目标）、符合教学计划和大纲要求标准、思想性标准、科学性标准、时代性标准和理论与实践结合的标准等。同时，相关部门还下发了《中小学教材送审办法》（1987 年）、《中小学教材价格管理办法》《中小学教辅材料管理办法》和《中小学教材编写审定管理暂行办法》（2001 年 6 月）、《教育部办公厅关于加强中小学教材管理全面清理违规教材的通知》（2009 年）、《中小学教科书选用管理暂行办法》（2014 年）。

教材多样化方针的确定和实施，使中小学教科书的编写、出版体制发生了重大变化，有效地调动了各方的积极性，有力地促进了教材编写、出版质量的提高。

其主要表现为：

（1）由原来的一家出版社编写、出版教材发展到现在的由近百家出版社编写、出版教材，改变几十年来在教材编写、出版方面统一得过多、过死的局面。到 2009 年，经教育部审查通过列入《基础教育课程标准实验教学用书目录》的教科书已达 27 个科别 222 套 1563 册（不包括练习册、挂图、地图册、光盘、地方教材和五四制教材），这为全国中小学校选择适合自己的教材，顺利推进课程改革提供了可能。

（2）教材的多样化使不同地区、不同学校可以根据本地区、本学校情况选用不同层次的教材，大多数省份的中小学至少选用 3 家以上的出版社出版的不同版本的教材，这为进一步深化教学改革创造了条件。

（3）中小学教材质量得到不断提高。从目前进入实验区的课程标准教材看，它们较好地体现了《基础教育课程改革纲要（试行）》的精神，明确体现了面向全体学生，全面提高学生素质的指导思想。在教材的体系、结构、内容的选择和安排上，认真汲取多年来各学科教学改革的成果，改革过去教材内容"繁、难、偏、旧"和过于重视知识传授，过于强调学科的系统性、严谨性的倾向，内容的选择更贴近学生的生活实际，更注意联系生产和生活实际。开始注重引导学生在获得基础知识和基本技能的过程中学习正确的价值观，注意引入新的教学理念，倡导新的学习方式和教学方式。教材的版式设计也变得美观大方、清新活泼。

（4）教材建设逐渐走上系列化发展的轨道。**教材是一个大概念，就中小学教材而言，它包括教科书、教学参考书、教学挂图和图册、音像教材、教学软件等**。其中以教科书为主，其他品种是为教科书服务的，起辅助作用。**教学改革的实践证明，注意开发教参、教辅材料，并在教学中适当地运用这些材料，有利于贯彻教材的指导思想和提高教学质量**，因此，教材的开发越来越重视教材的配套工作。经全国中小学教材审定委员会审查通过的教材中，每一套教材都配有教学参考书，需要挂图的都配有挂图，有些教科书已经配上了音像教材，少数教科书还开发了计算机辅助教学软件。教材建设系列化、立体化的思想逐渐成为教材编写者的共同认识，教材配套工作正在逐步完善。

（二）课程与教材标准建设同社会和人的发展需求尚有不小距离

1. 关于课程标准的问题

变革愿望、发展速度与教育现实和教育理论研究之间的差距，致使课程标准的建设在一些方面显得有些仓促。对如何恰当地把握课程标准本身意义价值、功能定位、结构成分、构建方式、语言表述等的认识还不够清晰；研究、借鉴国外有效经验不足；课程标准文本本身存在的一些问题当初已有显现，但未受到应有的关注，需要进一步研究解决。另外，课程计划和课程标准是由教育部组织力量研编的，尽管人员、经费等必要条件也都能够得到有效保证，但课程计划和课程标准的研究、制订、颁布、修订等没有形成稳定的周期，随意性较大，目前尚无关于稳定工作程序的制度规定。课程标准（实验稿）存在的问题，主要有以下方面：

（1）对农村地区实际的关注尚有不足

学科课程标准中选择的内容题材及其教学理念与农村生活存在一定距离。这里以本次课程改革中具有示范性和代表性的《全日制义务教育数学课程标准（实验稿）》为例说明。数学知识本身，特别是传统的基础知识是中性的，但本次课程改革在数学学科中的一些"增长点"则与农村社会的现实有较大距离。从理念上看，强调了"数学课程的设计与实施应重视运用现代信息技术，特别要充分考虑计算器、计算机对数学学习内容和方式的影响，大力开发并向学生提供更为丰富的学习资源，把现代信息技术作为学生学习数学和解决问题的强有力工具，致力于改变学生的学习方式，使学生乐意并有更多的精力投入到现实的、探索性的数学活动中去"。这代表数学学科发展的方向，是时代对学生素质培养的新要求，但这对于课程资源相对不足、办学条件较差的农村学校来说，实施起来困难较大。为了进一步解释课程内容和教学要求，课程标准中还安排了一些案例，在这些案例中，除一些中性题材外，大多是基于城市生活的。只有一个案例与农村生活有关，但在数学与现实素材结合的深广度上显然无法和其他案例相比。

其他学科的课程标准中也存在同样的问题，如语文课程标准要求学生"利用图书馆、网络等信息渠道尝试进行探究性阅读"，"能利用图书馆、网络搜集自己需要的信息和资料"，等等。这些所列目标明显体现了都市化的倾向，有多少农村学生可以"看音像制品"，有多少农村学生可以"利用图书馆、网络等信息渠道"？音乐课程标准要求学生"学习常见的打击乐器"，"能够用打击乐器或其他音源合奏或为歌曲伴奏"，要求"学校应配置音乐专用教室和专用设备，如钢琴、风琴、手风琴、电子琴、音像器材、多媒体教学设备以及常用的打击乐器、民族乐器及西洋乐器等"；物理课程标准要求学校在多媒体教学资源方面要"收集学生难以见到的、有重要物理意义的、展示科学技术发展的实况录像，例如航天发射、大型船闸、蒙古包外的风力发电机、小山村的水磨、激光手术等。利用快录、慢录、显微摄影等技术手段拍摄的音像资料，向学生展示物理过程的细节。收集课堂上难以完成的实验录像资料，例如用磁悬浮表现超导；以粗铁丝作棱，以薄橡胶膜作面做成中空立方体，放到水中表现液体内部各个面的受压情况"，并强调"在物理课的学习中提倡智能型软件，学生输入条件后它按照科学规律自动给出正确的情境"。这些目标、内容要求、课程资源的建议，对于经济落后的广大农村地区的学校及其儿童来说有很大的距离感。

（2）课程标准体系尚不完备

指导和规范部分新课程的政策文件不尽完善，如综合实践活动作为本次课程改革的亮点，在实践中苦苦探索多年，有关该课程的规定和要求却只见于《基础教育课程改革纲要（试行）》和《义务教育课程设置实验方案》中仅有的几段文字，综合实践活动课程指导纲要迟迟没有出台。有的地方正是以综合实践活动课程指导纲要没有正式颁布为由，依然以学科课程的形式开设新课程以前的劳技信息技术等课程，依然自主发行和使用原有的劳技课和信息技术课教材，**试图以独立的劳技课程和信息技术课程取代综合实践活动课程，制约综合实践活动课的实施。**部分学科缺少相应的学科教学指南，教师特别是农村教师开展新课程教学依据不足。尽管课程标准有"教学建议"，但其中的若干阐述比较含糊、笼统，缺少对教师明确、细致的指导，使得相当多的一线教师不能真正理解课程标准。"什么样的课堂教学才是符合课程标准的教学"是一直困惑着许多教师特别是农村教师的问题。

（3）学科课程标准结构有待进一步完善

学科课程标准结构不完善的主要表现是，课程标准里缺少评价标准和机会标准。以正在试行的全日制义务教育科学（三～六年级）课程标准为例，只有课程性质、基本理念、设计思路、课程目标、内容标准、实施建议等主要内容，而且在内容标准中的科学知识部分只是呈现了生命世界、物质世界、地球和宇宙的具体内容标准，而没有与之相应的、如何检验学生是否学会了这些内容的评价指标。例如，在生命世界的具体内容标准中只是要求"了解不同生物的生命过程是不一样的，感受时间对生命的意义"，而没有描述或设计怎样才能知道学生是否学到或实现了这一内容的评价指标，这无疑会给教师在教学中带来迷茫。虽然在课程标准中设计了活动建议且在实施建议中谈及评价建议，显然，这些建议并不能代替评价标准。

同时，课程标准本身要为相关目标和要求的实现设定并创造条件，在提出"内容标准"的同时，还应提出"表现标准（成就标准）"，并提供"机会标准"，要求教育系统为学生的学习提供平等的机会和合适的条件。机会标准是指为保证学生达到内容标准和评价标准的要求，对教育者提供给学习者的教育经验和资源的性质、质量的规定。遗憾的是，在我们的课程标准中这方面非常薄弱，仅有一些指导性的笼统要求，这在一定程度上影响了课程标准的执行。

另外，课程标准的表述还不够清楚明确，如课程标准中规定的是"最低标准"还是"最高标准"似乎并不明确，以数学课程标准为例，仅规定了学生在相应学段应该达到的基本水平，"基本水平"不是最高标准，也不是最低标准。同时，**课标中对一些目标的表述也显得模糊、笼统，**

不利于教师对课标的理解，容易产生歧义。①

2. 关于教材标准的问题

虽然中国的教材管理制度是各项课程管理制度中相对比较完善的，但不可否认的是，教材的标准体系并不完备，管理制度仍有很大的提升空间。随着课程改革的不断深入，新问题不断出现，新老问题相互交织，教材编写低水平重复的现象依然存在；由于审查标准的不完备，造成教材审查随意性较大；虽有关于教材选用工作程序方面的规定与要求，但监督机制不够完善。另外，如何避免教材版本虽多却风格雷同，如何进一步规范教材印张与开本等问题，也需要通过建立相关标准来解决。

（1）教材审定标准问题

虽然早在 1987 年就颁布了《中小学教材审定标准》，其中规定的内容大多只是一些原则和要求，与真正意义上的标准有较大差距。

2001 年颁布的《中小学教材编写审定管理暂行办法》中涉及教材审定的有 11 条（第十八条至第二十八条），主要包括教材审定委员会的组成和职能，教材审定原则，送交审定教材要具备的条件，教材审定的结论等。此办法中并未明确教材审查标准，而有据可查的是 1996 年 10 月由原国家教委颁布的、再次修改后的《全国中小学教材审定委员会工作章程》第三章"审定（查）原则和标准"中提出的有关教材内容应符合的基本要求（5 条），教材体系应符合的基本要求（3 条），教材的文字、插图应符合的基本要求（6 条）。从文本上分析，其中有关教材内容和体系的基本要求与《中小学教材编写审定管理暂行办法》中的审定原则有雷同之处。由此可见，**不仅在教材审定原则和审定标准之间存在着明显的概念不清、内容混淆等问题，而且表述比较笼统，缺乏条理；**

---

① 曹培英. 关于课程标准的几点思考［J］. 课程·教材·教法，2005（5）.

审查内容涵盖面不够全面，尤其是新课程标准中强调的一些内容，未列入现在的审查范围，包括教材中设计的有关学习评价问题，如何面向全体学生，社会学、人类学方面的内容，技术的利用以及学习方式和教学方式方面的内容等。此外，每个方面缺少细化的指标，没有评价等级和权重。

（2）教材印刷（开本、印张）标准问题

原新闻出版总署、教育部、国家质量监督检验检疫总局颁布了《中小学教科书幅面尺寸版面通用标准》和《中小学教科书用纸、印制质量标准和方法》两项国家标准（新出联〔2001〕12号），只是提出了小学教科书的幅面尺寸应采用 A5 和 B5，对图、表等有特殊要求的小学教科书可采用 A4；中学教科书的幅面尺寸应采用 A5、B5 和 A4；由于设备及再版等原因，中小学教科书仍可过渡性使用非标准的 787 mm×1092 mm16 开规格，过渡期为 5 年。随着新一轮课程改革的深入，义务教育阶段教科书的编写和出版呈现出空前繁荣的景象。各种版本的教科书在开本规格和印张上呈现出多样、开放的特点，但与此同时也遇到了一系列新情况、新问题。

2008 年中央教育科学研究院课程教学研究中心承担教育部基础教育司委托的关于义务教育教材管理的研究项目，对列入教育部印发的《2008年基础教育课程标准实验教学用书目录》，目前中小学正在使用的 25个科别 220 套 1551 册教科书（不含初中俄语、日语，不涉及练习册、挂图、光盘、地方教材和五四制教材）的开本规格、印张数量等问题进行全面调查，发现 25 个学科 203 套教科书中，787 mm×1092 mm16 开的为 168.5 套，占 83.01%，少数学科在同一学科中教科书开本各异，如小学数学的 6 套教科书采用 4 种不同开本，小学英语的 19 套教科书采用 4 种不同开本，小学语文和初中数学的教科书分别采用 3 种不同开本。

可见，由于政策制定不够完善、要求不够明确，尽管规定了中小学教科书可以采用的幅面尺寸，但没有对同一学科不同版本教材是否应采用同一开本，或可以采用几种不同开本做出明确规定，因此造成较大差异。

另外，由于制定的政策和规定中没有明确关于印张数量的要求，因此，造成同一学科不同版本的教科书印张数量差异较大。通过上述调查发现，不同版本教科书印张差异显著的有 6 个学科，占总学科数的25%。以小学英语学科为例，19 套教科书总印张数与平均印张（42.70）差距很大，且分布较为分散；其中外研社和教科社两家出版社出版的教科书的总印张数接近 70，明显高于其他各套，而辽宁师大版教科书印张数最少（25.75），最多和最少之间相差 42.75 个印张，近 2 倍。

（三）完善中国课程与教材标准建设的对策建议

1. 注重课程标准的城乡差异，更加关注广大农村地区的教育教学实际

课程标准应该把对广大农村地区的关注放在突出位置，教学要求应充分考虑农村师生的现状、教学条件和课程资源实际，指导性案例等内容的设计和表述也都要高度重视农村的实际情况，贴近农村语境。**由于中国各地区经济和社会发展不平衡，课程标准理应具有一定的弹性，对于城市和较发达的地区，可以统一定义为"有条件的地区"，并提出指导性的要求。**

2. 增加相应的评价标准和机会标准，完善各学科课程标准结构

根据课程标准的要求和一些发达国家的经验，完整的课程标准是由内容标准、表现标准、评价标准和机会标准（条件标准）等几部分构成的标准体系。而中国现有各学科课程标准中，对学生学习成果的评价标准尤其是评价指标几乎是缺失的。在制定课程标准时不但要描述期望学生应该知道的和能够取得的学习成果，更重要的是，要提供针对不同水

平学习成果所设计的评价指标，帮助教师评价学生所取得的学习成果。[①]
中国课程标准应增加评价标准，使之更符合课程标准的要求，更有利于
帮助教师开展教学，全面培养学生素养，客观、公正地评价学生学习
成果。在增设评价标准的同时，还应增加机会标准，将实施课程标准所
需的基本条件细化为强制性的指标体系，体现教育公平的思想，以保证
课程标准的可操作性。

3. 尽快出台中小学综合实践活动指导纲要，完善课程标准体系

课程标准应该是一个可以测量的学生能达到的最低标准，而综合实
践活动实施的效果难以量化，不宜用课程标准的形式来规范，但可以用
详细的实施指南来加以指导和规范，尤其是对目前认识较混乱的内容领
域要予以清晰界定，以免降低该课程的价值。目前规定的四部分内容之
间缺乏有机的联系，难以以融合的方式进行操作。以信息技术为例，信
息技术是教会学生掌握一门现代技术手段的课程，在综合实践活动课程
里只能作为工具或技术手段来应用，而不能在此课程里进行系统学习，
建议信息技术课程单独开设。而研究性学习从其本质和实际发挥的作用
来看，它更主要的是综合实践活动课程实施过程所凭借的一种基本学习
方式，是应当贯穿于综合实践活动所有内容和所有过程中的主导性学习
方式，而不是作为一个内容领域。综合实践活动的课程内容应该面向学
生的生活领域，从"人与自然""人与社会"和"人与自我"三个维度
来综合组织活动内容。

4. 修订教材质量的国家标准，完善中小学教材标准体系

教材管理包括教材的编写、审查和选用等诸多环节，仅有教材审定
标准是不够的，极有必要制定或修订新的中小学教材质量国家标准，以

此作为统领和规范教材管理各个环节的基本依据。教材质量国家标准应包括教材立项审批标准、教材审定标准、教材印刷标准、教材选用标准等。

（1）制定教材的立项核准标准。要依据"一纲多本"政策，更要基于对目前已列入教学用书目录的各学科版本数量、适用范围和主要特色的研究，制定教材立项核准的标准，包括明确立项时间、周期，对申编教材的要求，编写人员资质，哪些情况不予立项等。同时，对立项核准通过的教材也要提出进一步的要求，如必须保证编写队伍、出版单位在立项申请和正式编写时的一致性；保证教材指导思想、体系结构、特色和适用范围在立项申请和正式编写时的一致性等。同时还需明确立项通过后到正式送审前的时间，如在规定时间内不能完成编写或有其他原因的将取消立项核准。

（2）修订并细化教材的审查标准。修订现行的教材审查标准，使之更加明确、具体和便于测量操作，而不能像现在这样含在其他文件当中。主要对现有文件中与审查标准相关的内容进一步细化，明确若干维度，每一维度设立若干具体指标（细则），建议把"与课程标准的关联""偏见问题""教材内容""教学与学习方式""评估策略""教材编制"统一用标准的方式和话语表述，进一步完善中国中小学教材审查标准。

（3）完善教材的印刷标准。教材的印刷标准除必须符合出版业的相关规定外，应重点明确教材在印张数量、开本大小、装订形式、纸张规格以及重量及形状等方面的要求，以服务教育教学、控制教材价格、便于运输和携带为目的。

（4）制定教材选用的评价标准。国家出台教材选用标准的基本框架，凡有权自主选择教材的地区（学校）据此制定当地（学校）的教材选用的评价标准。教材选用的评价标准应包括五个维度，即教材内容方面、教学设计方面、教材呈现方式方面、评估策略方面和可读性方面。每个维度包括一些具体的评价指标，由各地（学校）根据自己的实际情况和需要制定。

（5）进一步建立健全中小学教材的管理制度。从广义上说，管理制度也是标准的一个组成部分。完善教材管理制度是教材标准建设的应有之义。

第一，完善教材管理机构。它主要包括建立国家级的基础教育课程教材建设与管理委员会，负责国家基础教育课程标准与教材的研制和管理，编制全国中小学教学用书目录；建立课程标准审定委员会，负责国家课程标准和教材的审定、审查工作；建立健全审查委员队伍信息库，形成结构合理、训练有素、公正无私的教材审查委员队伍，并通过计算机管理，建立审查委员队伍信息库，包括对中小学所有学科及教学软件类、多媒体、CD-ROM 类等学习资源的审查；进一步明确教材选用委员会的职能，强化教材选用程序和结果的公开、透明。

第二，完善教材管理制度。

一是进一步完善和加强教材通信审查制度。通信审查制度相对于会议审查制度更能保证审查委员有独立思考的空间，便于委员利用身边的资源，节省会议审查所需的大额开支，有助于实现审查工作的保密性和公正性；避免会议审查带来的会前准备不足，上会后匆忙阅读教材，从众而论等问题，尤其是可以避免编写、出版单位与审查委员在会前和会间的过多"交流与沟通"。有的国家审查教材部门甚至做到选定的审查委员彼此之间互不"通气"，每个委员只与组长联系以商讨审查中遇到的问题。

二是进一步完善基于评价的教材选用制度。在结合中国实际，借鉴国外经验的基础上，面对当前教材选用过程中出现的问题，拟提出基于评价的教材选用制度制定相应的教材选用标准，开展教材评价，确保选用制度的科学化、规范化。具体地说，在教材选用时需要首先对教材进行评价。在此基础上，实现基于评价的教材选用，即通过教材评价和当地教育实际情况的分析，考察教材特色与当地教育实际情况的匹配程度，从不同版本的教材中选出最能满足当地教学实际需要的教材。

第三，完善教材管理机制。中国中小学教材建设急需建立完善教材奖励机制、惩处机制、第三方评价与监督机制和宣传机制等。

一是完善奖励机制。通过审查、评估和定性、定量的分析，选出编写质量高、特色鲜明的优秀中小学教材，对教材编写单位和出版单位予以公开表彰和奖励；对组织教材选用工作严格规范、成绩突出的省（市、县）级教材管理部门予以表彰和奖励；对认真做好教材使用培训、课前到书、及时修订、售后服务的出版社予以表彰和奖励。

二是建立和完善惩处机制。对在教材编写、审查、发行、选用、实验过程中，违反相关政策和规定者，视情节轻重和所造成影响，由上级教育行政部门给予批评、警告、责令停止等惩处；对教育行政部门、国家公务员、全国和省级审定机构审定委员和审查委员以任何形式参与教材编写工作的，给予通报批评并责令其退出；对已列入全国中小学教学用书目录的教材，经试用和评估后，发现质量下滑、不具备可持续性或严重违规的，给予通报批评并将其从目录中删除，退出试用学校。

三是建立教材的第三方评价与监督机制。中国中小学教材建设需要尽快建立第三方评价与监督机制，负责对教材立项核准、编写、审定（查）、出版、发行、选用、实验等各个环节进行监督，制定教材评价机制和标准，对列入全国中小学教学用书目录的教材进行周期性、全面和抽样相结合的评价和监督，定期公布调查、评价结果。承接教育部相关司局委托项目，组织开展有关教材管理的专项调查研究，为决策提供支持。

四是建立教材建设的宣传机制。建议建立中国教材发展变化对内对外宣传机制，利用相关报纸、杂志、网络、教材展示中心等多种途径，介绍中国教育改革尤其是教材发展历程和管理体制，介绍经全国中小学教材审定委员会审查通过的所有学科教材的特色、出版单位、联系方式等。

二、基础教育课程改革中的公平问题

随着改革的不断深化，教育公平作为社会公平的基础已成为中国经济社会普遍关注的重要问题之一，受到党和政府的高度重视。2001 年以来，中国颁布了一系列政策文件，全面推进教育公平问题的解决，取得了明显成效。在课程教学领域的教育公平政策文件有 15 个，涉及基础教育、职业教育、特殊教育等方面，其中关注的主要问题是：

1. 缩小城乡差异，主要是把深化农村课程改革作为课程改革的重点和难点，关键是全面落实国家课程方案，开足开齐国家课程（8 个，占 53.3%）。

2. 课程结构内容、设置体现均衡性、选择性和多样性，促进学生的不同需求和个性发展（7 个，占 46.7%）。

3. 缩小群体差异，因材施教，平等关注每一个孩子，为每一个孩子提供适合的教育，推进教学公平（3 个，20%）。

下面主要就上述三个方面的相关政策情况进行现状描述，分析存在的问题，并提出对策建议。

（一）深化农村课程改革，确保农村学校开足开齐国家课程

中国基础教育课程改革已由实验探索进入常态化，但缩小城乡差距、全面提高教育质量的任务仍十分艰巨。农村的师资、课程资源等还不能

满足课改需要，传统教育观念和教学方式仍然反映在广大农村中小学的课堂。课程改革推进进程城乡差异明显，农村地区教师对课程改革的信心、对课程理念和课程改革目标的可实现程度的估计、对课程改革所倡导的教学方式的认同度明显低于城市地区。[①]这表明，深化农村课程改革已成为进一步实现教育公平的关键。

1. 政策现状

（1）以深化农村课程改革为重点，推进教育公平。

国家高度重视课程教学领域内的教育公平，在国务院和教育部下发的一系列推进课程改革的重要文件里都强调了教育公平问题。为落实2001年《国务院关于基础教育改革与发展的决定》精神，教育部发布《基础教育课程改革纲要（试行）》，提出了"农科教相结合""三教统筹"和"绿色证书"等举措。在《义务教育课程设置实验方案》中明确了课程设置的均衡设置和选择性原则，鼓励各地因地制宜地开发和设置地方课程和校本课程。2010年教育部发布的《关于深化基础教育课程改革进一步推进素质教育的意见》强调，大力推进农村地区课程改革，要把农村地区的课程改革作为深化基础教育课程改革的重中之重，加大对农村地区课程改革的经费投入，提供必要的办学条件保障，保证农村学校开齐开足国家课程，达到国家规定的基本质量要求，并充分发挥"农村中小学现代远程教育工程"的作用，为农村学校提供更多的优质资源、网上培训、教研、专业咨询等服务。随后，《国家中长期教育改革和发展规划纲要（2010—2020年）》颁布实施，教育公平问题被摆到了前所未有的高度，把促进公平作为国家的基本教育政策，确立了以提高质量为

---

① 马云鹏. 基础教育课程改革：实施进程、特征分析与推进策略 [J]. 课程·教材·教法，2009（4）.

核心的教育发展观，注重教育内涵发展，鼓励学校办出特色，并指出："**建立以提高教育质量为导向的管理制度和工作机制，把教育资源配置和学校工作重点集中到强化教学环节、提高教育质量上来。**"这表明，国家对教育公平的关注更为全面、深入，已由推进城乡、区域、校际公平，推进到群体公平的层面。课程教学领域内教育公平问题的解决已经从重起点公平、机会公平转向重过程公平和质量公平。

（2）以义务教育均衡特别是教师资源配置均衡，破解教育公平问题。

2005 年，教育部印发《关于进一步推进义务教育均衡发展的若干意见》，要求各地把推进义务教育均衡发展作为实现"两基"之后义务教育发展的一项重要任务，研究制定本地区推进义务教育均衡发展的目标任务、实施步骤和政策措施。2011 年，根据《国家中长期教育改革和发展规划纲要（2010—2020 年）》的要求，教育部制定了义务教育分规划、教师队伍建设分规划，与有关部门一起启动了义务教育学校标准化建设工程，深化了义务教育经费保障机制、中小学教师特岗计划、教师国培计划、农村薄弱学校改造计划、中小学校舍安全工程，加大了对各地义务教育均衡发展的支持力度。各地也把推进义务教育均衡发展工作摆上重要议事日程，因地制宜地对本地推进义务教育均衡发展进行部署，普遍把改善薄弱学校办学条件作为当前推进义务教育均衡发展的重点工作。

推进课程领域教育公平的根本问题是师资配置问题。针对农村教师短缺、优秀教师"下不去、留不住"等问题，2006 年起实施农村义务教育阶段学校教师特设岗位计划，鼓励高校毕业生到农村任教，计划实施以来共招聘 30 万名特岗教师，其中 80% 留在当地从教。2007 年，在教育部六所直属师范大学实施师范生免费教育，每年招收 1 万名免费师范生，实施以来共招收免费师范生 7.2 万名，90% 以上的毕业生到中西部中小学任教，为农村培养输送了大批优秀教师。2010 年起实施国家级中小学教师培训计划，中央财政共投入 26 亿元，培训农村教师 328 万人，占培训总数的 95%。2010 年，中央财政投入 108 亿，实施边远艰苦地区农村学校教师周转宿舍建设，改善了农村教师安居条件。最近，《教育部财政部关于落实 2013 年中央 1 号文件 要求对在连片特困地区工作的乡村教师给予生活补助的通知》，决定对连片特困地区义务教育乡村学校和教学点工作的教师给予生活补助。中国已有 699 个县积极探索对农村教师发放补助，受益教师达到 120 万人。这些举措，进一步扩大了教育资源特别是教师资源的覆盖面，为广大农村地区特别是中西部贫困地区学校配齐配足学科教师，保证开足开齐国家规定课程提供了基本的保证。

2. 问题表现

课程教学领域教育不公平主要体现在城乡差距上。长期以来，受城乡二元结构的影响，中国农村教育相对落后。尽管近年来国家将教育政策和经费向农村地区倾斜，特别是将农村义务教育全面纳入财政保障范围，但面对庞大的农村学生群体，从根本上推进教育公平还需要较长的时间，面临不少实际困难、突出问题。

（1）学科结构性矛盾突出，英语、艺术、体育、信息技术等课程不能开足开齐。在农村地区，特别是西部农村，教研员量少质低，难以承担繁重的指导任务。西部部分农村地区由于教师数量不足，为了保证教学第一线能正常开课，县级教研部门和片区教办都没有分学段按学科配齐配足教研员。西部农村的县级教研室，教研员人数多的不足 20 人，少的 10 人左右，甚至有的只有四五人，每一个教研员要兼顾全县 2 ~ 3 个学科，教研员队伍很难承担起指导基层学校课程改革的重任。一些农村学校和教学点小学教师基本上是包班上课，一个人承担着语文、数学等多门课程的教学任务，有的教师还要管理班级（当班主任），低水平的教师配置尤其是学科结构性师资缺乏，致使新课程方案规定的英语、艺术等课程在农村地区部分学校无法正常开设。另外，农村学校课程资源不足，部分课程特别是综合实践活动课实施艰难，在很多农村学校，综合实践活动只是一门课程表上有而实际未开设的课程。**教育资源短缺，特别是师资配置不足，是造成农村地区学校课程不能开足开齐的根本原因。**

（2）对农村课程改革的政策关照尚需加强。

课改以来颁布了一系列课程政策文件，主要包括三个层面：课程的总纲，学段实验方案和学科课程标准，专题性或单科性指导意见。此外，还有一些补充性的规定。这些课程改革的政策文件在对全国课程改革发挥引领和指导作用的同时，却表现出对农村的改革问题关注不够，反映不足，尚需要进一步完善。

一是关于《基础教育课程改革纲要（试行）》。在2001年教育部颁布的《基础教育课程改革纲要（试行）》共9个部分20个条目，其中只有第2部分第6条中专门讲农村课程改革，也就是说**关于农村课改的规定只有1条，仅占到总条目的5%**。在本条中尽管提出"农村中学课程要为当地社会经济发展服务，在达到国家课程基本要求的同时，可根据现代农业发展和农村产业结构的调整因地制宜地设置符合当地需要的课程，深化'农科教相结合'和'三教统筹'等项改革，试行通过'绿色证书'教育及其他技术培训获得'双证'的做法"，但没有更为具体明确地指导农村课程改革的规定和意见。

二是关于学科课程标准。学科课程标准中选择的内容题材及其教学理念也与农村生活存在一定距离。这里以本次课程改革中具有示范性和代表性的《全日制义务教育数学课程标准（实验稿）》为例说明。数学知识本身，特别是传统的基础知识是中性的，但本次课程改革在数学学科中的一些"增长点"则与农村社会的现实有较大距离。为了进一步解释课程内容和教学要求，数学课程标准中还安排了一些案例：

案例 1　某班要去当地三个景点游览，时间为 8：00—16：00。请你设计一个游览计划，包括时间安排、费用、路线等。

案例 2　张坚在某市动物园的大门口看到这个动物园的平面示意图。试借助刻度尺、量角器解决如下问题：……

案例 3　小明家养鸡的收入是 243 元，养猪的收入是 479 元。估计这两项收入一共多少元？

在这些案例中，除一些中性题材外，大多是基于城市生活的。只有案例 3 与农村生活有关，但在数学与现实素材结合的深广度上显然无法和其他案例相比。

三是关于一些专题性或学科性指导意见。指导和规范新课程的政策文件不尽完善，如综合实践活动课程指导纲要至今未正式出台，制约综合实践活动课的实施；部分学科缺少相应的学科教学指南，教师特别是农村教师开展新课程教学依据不足。尽管课程标准有"教学建议"，但其中的若干阐述比较含糊、笼统，缺少对教师明确、细致的指导，使得相当多的一线教师特别是农村教师不能真正理解课程标准。"什么样的课堂教学才是符合课程标准的教学"是一直困惑着农村教师的问题。

（3）课程改革外部保障机制不健全。

一是农村课改经费支持不足。农村课程改革专项经费不足，西部农村地区尤甚。西部农村由于经济落后、财政困难，没有对基础教育课程改革进行专项投入；义务教育阶段学校免收学杂费。因此，学校也没有经费投入课程改革实验中去，给课改实验造成了较大的实际困难。

二是农村教师专业支持机制尚不完善。教师是实施课程改革的主体力量，坚强有力的教师培训和扎实有效的专业发展支持机制，是推进农村基础教育课程改革的根本保证。但是，目前，农村学校完备的专业支持机制依然没有很好地建立起来。我们对全国六省区开展的校本教研实施状况的调查显示，70%以上的教师不能经常得到专家指导，32.1%的教师表示从来没有"得到校外专家的指导或培训"；从校本教研成效看，多数教师感到其未能充分发挥提升专业的价值，如64.4%的教师认为教研内容主要围绕着考试进行，而缺乏对教师教学能力、研究能力、持续发展能力的培养；从地域上看，东部地区较中西部地区、城市学校较农村学校、重点学校较薄弱学校开展得好。

（4）课程改革监测评估体系不完善。目前，中国还未能建立起健全的课程监测评估体系。不完善的课程改革监测评估体系和机制，制约了农村基础教育课程的步伐。

3. 对策建议

（1）从实现教育公平的战略高度，着力改善农村教学条件，夯实深化农村课程改革的基础。教育公平应成为一项基本教育政策。在教育改革与发展过程中，必须从实现教育公平的高度出发，强化省级政府发展基础教育特别是义务教育的财政责任，加大转移支付力度，以破除地市、县经济发展不均衡所造成的义务教育办学条件与发展水平不均衡的难题，缩小区域和城乡教育差距。加快完成义务教育学校标准化建设工程，使农村学校在校舍、师资配置、教学仪器设备、图书资料等方面达到基本办学标准。尤其要尽快核定农村中小学教师编制，根据深化课程改革的需要和各地实际情况，合理制定师生比，配齐各学科教师，这是保证农村学校开足开齐新课程方案规定的各门课程，使新课程得以在农村顺利实施的基础性条件。

（2）强化各级政府对课程改革的领导责任，切实落实农村课程改革的专项经费。基础教育课程改革是全面推进素质教育的突破口，新课程体系涵盖义务教育和普通高中教育，改革范畴涉及课程目标、课程内容、课程结构、教学与评价、课程管理等，从微观到宏观的不同层面，是一个庞大的系统工程。从中央到地方政府，都要充分认识到课程教学在学校教育中的核心地位和基础教育课程改革的重要性、复杂性，成立课程改革领导机构，主要领导挂帅，制定本地区实施国家课程、开发和管理地方课程以及指导学校课程实施的相关政策，承担统筹和协调责任。

（3）加快完善基础教育课程改革配套政策文件体系，为农村学校和教师提供行动指南。本次课程改革颁布的各学科课程标准只包含了课程目标、内容标准和教学建议，没有评价标准，也缺少配套学科教学指南。这无疑拉大了课程标准与教学实践的距离，造成教师在实施新课程的过程中难以把握教学要求，农村地区表现得更为明显。国家应尽快制定出台各科教学指南和评价标准，完善新课程实施的专题性文件，如综合实践活动实施指南、课程资源开发利用指南等。课程标准、教材及相关政策文件的修订要更加充分考虑农村经济、社会发展水平和特点，对农村地区课程设计和实施提出明确的指导性意见，让农村学校在实施新课程过程中有法可依、有章可循，防止在改革中偏离方向，确保教育教学质量。

（4）加快建立基础教育课程改革监测支持系统，完善农村课程改革推进机制。在各级政府领导下，依托地方教育行政部门、教研室、教科所或师范院校，尽快建立上下有效沟通、全国联网的基础教育课程改革监测支持系统，覆盖到县。每个地市（有条件的县）设立基础教育课程发展研究中心，可以设在当地教育行政部门或教研部门，尽可能吸收当地政府、经济及科技等领域专家进入研究团队，主要致力于开发适合当地特别是农村中小学课改需要的课程资源，为地方课程和校本课程开发提供咨询和指导，为农村中小学教师提供课程教学方面的专业支持。

（5）加大农村中小学教师课程改革培训政策支持力度，多种途径提高农村师资整体水平。为克服农村教师因数量大而受训机会少、因位置偏远而参加培训难的问题，国家要加大农村中小学教师课改培训政策支持力度。

首先，要加大农村教师国家级培训力度，国家级教师培训经费、名额重点向县以下农村学校倾斜，使农村学校校长及骨干教师在未来五年内都能免费接受国家级课程改革综合性或专题性培训。

其次，借助县域内校长教师交流制度、对口支援制度和师范院校顶岗实习制度，建立农村学校任职教师和校长带薪教育假制度，按任职年限为其提供带薪脱产学习培训机会，为农村中小学校长、教师创造到优质学校观摩骨干教师课堂教学、交流学习课程改革经验的机会，加快培养熟悉农村、奉献于农村学校的各科骨干教师和校长。

再次，要进一步完善校本教研制度。一方面，要通过适当的人事政策引导，为市县级教研部门配齐各学段各科专业性较强的教研队伍，并加强教研员培训，提高其教学指导能力。另一方面，要充分发挥农村学校校长和骨干教师的引领作用，强化其问题意识、研究意识，引导教师将教学与教研融合，在解决课改实际问题的过程中转变观念，转变教学方式，提高教学水平。有条件的地方，逐步开展网络教研，寻求更丰富的专业支持资源。另外，要通过远程教育，定期、及时为交通不便地区的农村中小学校长和教师提供课程、教材、教学方面的指导和培训。

（6）加快国家数字教育资源中心及共享服务平台建设，扩大优质教育资源覆盖面。将已有优质资源输送到各级各类学校，并集中力量开发更加适合农村学校的音乐、美术、英语、科学等基础教育短缺课程、高等教育（包括高等职业教育）面向大众的公共视频课程，让边远贫困地区的孩子也和大城市的孩子一样，能够听到最优秀的老师讲课，能够学到最先进的知识。同时，充分发挥"农村中小学现代远程教育工程"的作用，为农村学校提供更多的网上培训、教研、专业咨询等服务支撑。

（二）优化课程结构内容和设置，满足学生不同需求，促进学生个性发展

1. 政策现状

我们对自 2001 年来所颁发的相关课程政策文本进行了全面的整理分析，在此基础上，又对论及课程设置、课程结构的文件从教育公平角度进行了梳理和审视。

2001 年教育部发布的《义务教育课程设置实验方案》明确提出了义务阶段课程设置的原则：

一是均衡设置课程。**依据学生身心发展的规律和学科知识的内在逻辑，义务教育阶段九年一贯整体设置课程；**根据不同年龄段儿童成长的需要和认知规律，根据时代发展和社会发展对人才的要求，课程门类由低年级到高年级逐渐增加。

二是加强课程的选择性。国家通过设置供选择的分科或综合课程，提供各门课程课时的弹性比例和地方、学校自主开发或选用课程的空间，增强课程对地方、学校、学生的适应性，鼓励各地发挥创造性，办出有特色的学校。2003 年教育部颁布的《普通高中课程改革方案》指出：普通高中课程改革的目标是适应社会需求的多样化和学生全面而有个性的发展，构建重基础、多样化、有层次、综合性的课程结构。在课程内容上体现基础性。课程内容在进一步加强所有学生共同基础的同时，也为每个学生的个性发展奠定了相应的基础；体现选择性，新课程在保证共同基础的前提下，各学科分层次、分类别设计了多样的、可供不同发展潜能的学生选择的课程内容。《国家中长期教育改革和发展规划纲要

（2010—2020年）》指出：深入推进课程改革，全面落实课程方案，保证学生全面完成国家规定的文理等各门课程的学习。创造条件开设丰富多彩的选修课，为学生提供更多选择，促进学生全面而有个性的发展。

以上的政策文本，在总体上均本现了教育公平的理念。**如目标公平：为每一个学生的发展提供均等的接受教育的机会和可能。实现目标的过程公平：通过设置均衡、多样、选择性的课程来实现每个学生独特的、个性化的、差异化的、全面性的发展。主体（对象）公平：在教育的不同阶段，根据学生身心发展的规律与特点，对课程设置进行不同的定位。义务教育阶段，主要立足于课程设置的均衡性、基础性、综合性，以确保学生和谐、全面的发展；而在高中阶段，主要立足于课程设置的多样性、可选择性，大幅度增加选修课，以确保学生充分发挥潜能，激发兴趣，实现个性化、差异化的发展。**具体而言：

强调课程统整，体现基础性。通过义务教育阶段的课程综合化和高中阶段模块的综合化设置来实现课程的统整，从而为学生的未来发展奠定了共同的基础，使学生享有平等的机会。课程内容精选有利于学生终身发展的基础知识和基本技能，符合学生身心发展和社会进步的规律。课程的统整使各学科之间的联系和整合得到加强。

突出多样化，增强选择性。在义务教育阶段和高中阶段通过设置不同选修课的比例和设计三级课程的层级来提高课程的可选择性，为实现资质不同、性格各异的学生共同发展提供了可能性，促进学生个性的发展。

整体设置课程，体现均衡性。均衡性是教育公平的最核心任务和追求，这不仅包括课程资源，也包括课程内部设置和开设。义务教育阶段设置综合实践活动，强调学生动手动脑，高中课程强调学生的艺术素养和技术素养的培养，重视设置艺术类课程和技术类课程，从整体上体现了课程结构的均衡性，符合当代社会对人才培养的要求，符合学生发展的需求。

2．问题表现

受制于长期以来形成的城乡二元结构，区域发展不均衡，使得课程政策难以兼顾中国不同区域、不同群体、不同学校教育与课程发展实际，从而导致了课程政策中的课程结构和设置难以全面、均衡实施。主要表现为：一是中西部地区特别是农村地区学校部分课程开不足开不齐，课程内容、设置的均衡性、选择性和多样性难以落实，特别是综合实践活动课程实施艰难。二是中西部农村地区师资素质较低，课程资源不足，教师的课程开发能力和课程实施能力不强，校本课程的数量和质量极为有限，不能满足学生多样化、个性化的发展需求。

3．对策建议

（1）国家应采取强制措施切实保证属于弱势群体的农村学校、中西部薄弱学校拥有足够的课程资源和课程开发能力，以满足学生发展的课程需求。努力扩大优质课程资源覆盖面，在培养师源、培训教师、投入经费、科研支持等方面向中西部农村地区倾斜，采取切实措施提升中西部薄弱学校课程开发能力，丰富高中选修课程，完善课程选修制度，保障学生多样性、个性化地选择课程的需求。

（2）加强课程改革的基础性研究，重点研究学生在不同学段、不同学科应当具备的核心素养或关键能力，以此为基础确定相应的课程目标、课程内容和课程设置。有针对性地研究农村地区学校的课程开发适应性、可行性和资助性问题，为制定和完善农村地区课程政策提供学理依据。

（3）广泛吸纳社会各界人士参与课程审议，尤其是注意听取弱势群体的意见，促进课程决策机制的民主化，确保课程政策制定的公平性。

（三）逐步消除大班额，推进小班化教学，实现教学公平

1. 政策现状

课堂教学中的教育公平又称为教学公平，属于教育过程公平范畴，是实现教育公平的重要途径。近年来，国家采取有力措施，推进教学公平。

（1）以评价政策为导向，引领教学公平

2002 年《教育部关于积极推进中小学评价与考试制度改革的通知》指出："**对学生、教师与学校评价的内容要多元，既要重视学生的学习成绩，也要重视学生的思想品德以及多方面潜能的发展，注重学生的创新能力和实践能力；既要重视学校整体教学质量，也要重视在学校的课程管理、教学实施等管理环节中落实素质教育思想，形成生动、活泼、开放的教育氛围。**"该通知试图确立以学生发展为中心，遵循多元性的原则，使每个人都得到全面、充分的发展，这样才能从源头上解决课堂教学的不公平问题。该通知还指出："评价标准既应注意对学生、教师和学校的统一要求，也要关注个体差异以及对发展的不同需求，为学生、教师和学校有个性、有特色的发展提供一定的空间。教师要在教育教学的全过程中采用多样的、开放式的评价方法（如行为观察、情景测验、学生成长记录等）了解每个学生的优点、潜能、不足以及发展的需要。了解和尊重学生，全面了解、研究、评价学生；尊重学生，关注个体差异，鼓励全体学生充分参与学习；形成相互激励、教学相长的师生关系，赢得学生的信任和尊敬。"

该通知明确提出了课堂教学公平的原则和要求，即平等原则、差异原则、补偿原则、发展原则。平等原则是指每个学生都有平等地享受教育资源的权利和机会，在教学中应无歧视地对待每一个学生。差异原则即积极差别对待原则，又称为平等差异原则。"关注个体差异，鼓励

全体学生充分参与学习。"补偿原则是指由于学生的天赋和身心特征等差异或差别是客观存在的，教学应给予这些差异以某种补偿，"了解每个学生的优点、潜能、不足以及发展的需要"，给予环境不利学习者更多特殊关照。发展性原则又称为终极性原则，促进所有学生的适当发展，这是教学公平的最终目的。

（2）注重学生差异发展，推进小班化教学

课堂教学公平的核心是差异发展，让每个学生的潜力和智慧得到充分自由发展的公平。为此，2003年《教育部关于印发〈普通高中课程方案（实验）〉和语文等十五个学科课程标准（实验）的通知》指出："建立选课指导制度，引导学生形成有个性的课程修习计划。学校要积极进行制度创新，建立行之有效的校内选课指导制度，避免学生选课的盲目性。"2010年《教育部关于深化基础教育课程改革　进一步推进素质教育的意见》再次强调："要遵循学生认知规律和教学规律，根据学生的个性差异因材施教。"

推进教学公平的关键是逐步消除大班额，积极推行小班化教学。《国家中长期教育改革和发展规划纲要（2010—2020年）》首次明确提出，推进小班化教学，并把因材施教作为创新人才培养模式的主要内容。这些政策措施为有效推进教学公平，平等关注对待每一个学生，提供了有力的政策保障。

2. 问题表现

大班额是教学公平中的突出问题。尽管国家出台了系列政策推进课程教学领域的教育公平，但由于中国区域差异较大、校际发展不平衡、优质教育资源配置不均衡等，一些地区优质教育资源过度集中在县城学校，导致区域内少数学校规模扩大，师生比失衡，特别是班额大，教师不能很好地照顾到每一个学生，为每个学生提供适合的教育比较困难。

因此，推进教学公平，任重道远。

3．对策建议

课堂教学公平主要是对待上的公平，一是对待学生个性差异的公平，二是师生关系中的公平。**中国中小学校普遍存在的"大班额"现象制约着课堂教学公平的实现，造成城乡、校际教育机会不均等，课堂教学资源分配不均衡以及班级学生受教育过程不公允等问题。**对于大班额现象，要积极寻求对策予以化解。建议设立"小班化教学推进工程"，逐步消除大班额现象，在课堂教学中面向全体学生，平等地对待每一个学生。建设小组合作和个别化教学相结合的课堂教学环境，因材施教，促进不同孩子的健康成长。

（1）规范法规，从法律上保证班额标准落实

教育部虽已规定了中小学班额的标准（小学班额以不超过45人为宜，中学班额以不超过50人为宜），但因班额标准未纳入教育法规中，许多学校实际班额情况与标准规定有差距。建议在义务教育阶段将班额标准纳入义务教育法；在有条件的地区先行先试小班化教学，并逐步推进。

（2）合理配置区域教育资源，从源头遏制大班额

大班额现象既是城乡义务教育资源不均衡所致，也是城乡义务教育结构性变化、生源流动失衡的现实使然。因此，要调整政策导向，对区域教育资源特别是教师资源和经费投入进行合理分配，并向县域以下学校倾斜，将政策倾斜到一些原本普通但有发展潜力的学校上，促进它们成为优质教育资源。加强师资队伍建设，提高学校管理水平，缩小城乡义务教育阶段校际差距。办合格的学校，提高教育质量，分流生源，让每个学生同在蓝天下，享受均等的教育，从源头遏制大班额的生成。

总之，进一步加强农村地区特别是中西部贫困地区课程改革，严格执行课程标准，开足开齐国家规定课程，特别是开足英语、艺术、体育、

信息技术等薄弱学科课程。修订普通高中课程方案和课程标准，优化课程结构和课程设置，全面体现课程的基础性、均衡性、选择性和学生的个性化需求，为每个孩子提供合适的教育内容。严格控制班额规模，积极推进小班化教学，因材施教，平等对待每一个学生，促进所有学生的全面和个性发展。

第四章

教学理论与教学实践

本章为学理研究，全面而深刻地揭示了教学理论应当是什么，研究了当代国外教学理论发展的基本走向及对我国的影响，研究了教学实践的多层面复杂关系和特征，从而说明教学改革的复杂性和艰巨性。

一、教学理论的多维解读

什么是教学理论？不同的人对此做出了不尽相同的回答，概括起来主要有两种观点：第一种观点把教学理论界定为一种知识体系或认知体系。如有学者从理论的表现形态入手，将教学理论界定为对教学活动系统化了的理论认识，是人们借助一系列概念、判断、推理表达出来的知识体系。[1]有学者指出：教育理论（自然包括教学理论），作为一个名词，它泛指人们有关教育（教学）的理论性认识。所谓理论性认识是指一种认识的结果，它是理性思考的产物，以概括、抽象判断（程度可以不同）为其共同特征，而概括、抽象的层次与类型的差异则构成其内部的层次和类型。[2]也有学者认为，教学理论就是对教学实践活动进行理性思考的产物，是对教学现象及其矛盾运动能动反映所形成的具有层次性和复杂性的可以指导教学实践的认知体系。[3]第二种观点把教学理论看作教学论，界定为教育学的一门分支学科，认为教学理论是研究教学情景中教师引导、维持或促进学生学习的行为，构建一种具有普遍性的解释框架，提供一般性的规定或处方，以指导课堂实践的一门学科。[4]

由此看来，尽管人们对教学理论的表述不尽相同，但可以肯定的是，

---

① 迟艳杰.教学领域中的理论与实践——兼论我国教学论学科面临的主要问题及发展选择［J］.中国教育学刊，1997（4）.

② 叶澜.思维在断裂处穿行——教育理论与教育实践的关系的再寻找［J］.中国教育学刊，2001（4）.

③ 李森.教学理论与实践：转化方式探讨［J］，课程·教材·教法，2003（8）.

④ 施良方，崔允漷.教学理论：课堂教学的原理、策略与研究［M］.上海：华东师范大学出版社，1999.

都把教学理论当作名词来解，看作一种静态的存在形态。这样来理解教学理论不能说不正确，但可以肯定是片面的、狭窄的和不完整的。因为这样来理解教学理论仅能简洁地说明教学理论是什么，而不能深刻地阐明教学理论应当是什么。其实，要想全面而深刻地揭示教学理论是什么，不仅应把教学理论当作名词，看作一种静态的存在形态来理解，而且应把教学理论当作动词，看作一种动态的发展形态来考察。

（一）教学理论作为名词，是一种存在形态

第一，教学理论是人们对教学存在之"真"的理性思索。**如同自然界存在着不以人的意志为转移的客观规律一样，人们也假定在教学存在中有着某种必然的因果联系和自在的规律性**。新时期以来，中国教学理论界对"教学本质"及"教学过程的规律"进行了深入的讨论，就是明显的例证。马克思讲过："人类理性不创造真理，真理蕴藏在绝对的永恒的理性深处。它只能发现真理。"[①]事实也确实如此。如果把教学存在做横切面的静态分析，它有多种因素（有内部的也有外部的），各种因素之间有着直接或间接的必然联系；如果把教学存在作为一个过程进行动态考察，它有许多阶段、环节，各阶段和环节之间也有着必然的逻辑推演关系。教学理论不能轻视和绕开这些联系或关系而"顾左右而言他"；相反，教学理论必然首先面对它们，并且深入地探讨它们。可以说，人们对教学存在之"真"的理性思考，一直是教学理论研究和发展的必然使命。

第二，教学理论是研究主体本质力量的自我确证。主体的本质力量包括身体的自然力，把握世界的理性和非理性思维力，它是理论得以产

---

① 马克思恩格斯选集：第 1 卷［M］. 北京：人民出版社，1972.

生的最直接的主体性前提。人在实践中赋予、锻炼、发展和提升着自我的本质力量，通过这种本质力量，研究主体确立对象性关系，并观念地把握对象性关系，变"自在之物"为"自我之物"，使本然的自然界转化为人化的意义界。人与世界的双向对象化过程，也是主体的本质力量不断确证的过程。"对象如何对他（研究主体——笔者注）说来成为他的对象，这取决于对象的性质以及与其相适应的本质力量的性质，因为正是这种关系的规定性造成了一种特殊的、现实的肯定方式。"① 研究主体的本质力量的确证和表现形式就是他们借助语言符号，通过概念范畴的思维逻辑，在思维形式中再现对象性世界的建构和唯物的客观逻辑。

在教学研究主体的本质力量得以表现和确证的过程中，理论的主体势的作用意义重大。理论的主体势是指处于一定的教学理论研究的对象性关系中的一定理论主体，由自己的主体地位、本质力量和认知定势所形成的对一定教学研究对象的一种自主的、能动的态势。它的作用现实地使教学事实按主体的方式同人发生关系，使之按既定的目的、方向协调运行。教学理论研究的主体势表征着研究主体对对象占有的动因、力量和程度。教学理论研究者在这种主体势的驱使下，将教学存在中的事实、现象、经验及感性材料，统摄到自己的思维视野里，以教学概念（或范畴）和命题的理论陈述方式，逻辑地反映在教学理论中。同时，研究主体的需求、意志、目的、理想等价值观的成分也一起在教学理论中凝结和渗透。

这里需要指出的是，并非所有的人都承认理论是人的本质力量的确证，承认理论主体的能动创造的本性。在教学理论研究领域，一些实证主义的信奉者，热衷于教学过程中各种因变量与自变量关系必然性的描

---

① 马克思 . 1844 年经济学哲学手稿［M］. 北京：人民出版社，1979.

述，提倡"价值中立"，排斥教学过程中的人文理解，忽视教学研究中的主体的能动创造性，就是极其明显的例证。美国哲学家 M. W. 瓦托夫斯基深刻地指出：这种客观主义的科学观（或理论观）"视科学为某种超越人类或高于人类的本体，一种自我实在的实体，或脱离了它赖以产生和发展的人类的状况，需要和利益母体的东西。这就埋伏着一种危险，科学与常识、科学活动与人类的基本活动、科学理解与平常的理解的连续性被打断了"①。

第三，教学理论是教学论专家对教学问题的价值追问和理想表达。教学对人意味着什么？它有什么意义和价值？历史的和现实的教学的合理性有多大？什么是理想的教学？诸如此类的问题，都是教学论专家和教学理论研究者首先要回答的。教学论专家常常把教学问题从一般教学存在的海平面提出来，把它置于人、社会、文化、国家和民族的多维关系中，通过反思、批判、综合比较等辩证剖析的方法，进行价值对话和融合，最后得出自己的虽然是主观的一孔之见，却是对真实的、应有的教学价值和教学未来发展的表达。教学论专家对教学问题的价值追问和理想表达，一方面体现在这种追问和表达的过程中，另一方面又体现在教学理论的具体的一系列原理、原则、方法等规则性和技术性的知识中，并通过它们，使师生和其他教育教学工作者理解理论研究者的价值追寻过程及根本意图，促成他们对教学—人—社会—文化之间关系的理解。

第四，教学理论是由一定的概念（或范畴）和命题所组成的逻辑系统。列宁认为，基本概念或范畴是一门科学的理论要核，是"认识和掌握自然现象之间的网上纽结"。要认识和掌握这些"网上纽结"，就要

---

① W. M. 瓦托夫斯基. 科学思想的概念基础——科学哲学导论［M］. 范岱年，等译. 北京：求实出版社，1989.

建立合理的理论体系。一般说来，教学理论的范畴体系由状态范畴（如学、教、教学等）、关系范畴（如教学与智力、教学与体力、教学与品德等）和实施范畴（如教师与学生、教学原则、教学组织管理等）三个方面的内容构成。范畴（或概念）的展开、推演、变换和组合的方式表达就是命题（亦称判断）。范畴（或概念）与命题共同构成教学理论的逻辑系统。在这里，范畴（或概念）、命题并不仅仅是理论的形式，也是理论的内容。教学理论的逻辑系统是促成教学理论区别于一般的教学思想、教学经验、教学主张或观点的理论标志。

第五，教学理论不仅是一种教人"求真"的理论，更是一种使人"向善"的理论。

对于人文社会科学来说，几乎没有一种科学理论是绝对意义上的关于"真"的理论，即使有，这种"真"也是导向"善"的，虽然对于"善"的追求往往以"真"为根据和条件。李德顺教授指出，"真"是指这样一种境界：主体的思想和行为达到了同客体的本质和规律的高度统一。换言之，"真"是真理的价值，但又不止于真理的认识价值，还包括真理的实践价值。①

教学理论是一种人文性极强的理论，它不仅告诉实践者为何如此这般地教学，而且指导和告诫实践者应当如此这般地教学才是好的教学和有效的教学，即是趋向善的教学（使人的生活质量、知识能力、道德水平、情感意志、独立人格向理想境界跃升的教学）。而且，这种指导和告诫又是对实践者所依赖的基础和前提的判断进行反思和批判之后而提出的。教学实践者根据自己的需要及现实的教学条件，把教学理论中所提出的事实和价值判断的应用原则合理地运用到实践中去。正是在这个

---

① 李德顺. 价值论［M］. 北京：中国人民大学出版社，1987.

意义上，我们可以把教学理论称作实用性理论（或规范性理论）。当然教学理论的应用性并不一定是为实践者开具"处方"，也"不是一种不受价值影响的理论论述模式，或一套技术规则，而是一种倾向，它既是道德的，又是理智的，并显现在把'善'的道德知识和正确的实际判断结合起来的能力中"①。

（二）教学理论作为动词，是一种发展形态

第一，教学理论既是一种历史性的理论，也是一种发展性的理论。教学理论孕育并脱胎于历史上的哲学和科学的发展。奥康纳认为，教育理论（自然包括教学理论）由形而上学的因素、价值判断的因素和经验性的因素等三个方面的内容组成。其中，形而上学的因素就是哲学在教育理论中的直接推演；"教育理论的哲学批判，一部分作用在于分析出并阐明教育理论的指导价值"。可见，教育理论中的价值判断因素也受教育家的哲学观的影响。经验性的因素主要制约于科学"能用可以观察到的事实来证明"②。如赫尔巴特曾致力于把教学理论建立在心理学的基础上，追求教学理论的科学化。当代一些教育家用实证主义的方法，研究教学中的各种变量对教学效果的影响，也属此类。

从历史上看，科学脱胎于哲学，科学的进一步发展分化出自然科学和社会科学（含人文科学），而社会科学不断细化，又分化出包括教学论在内的部类繁多的关于人的学科。所以，教学理论本身不能不带有它母体方面的特征。

---

① W.卡尔.技术抑或实践——教育理论的未来 [J].袁文辉，译.华东师大学报（教科版），1995（2）.
② 奥康纳.教育理论是什么 // 瞿葆奎.教育学文集·教育与教育学 [G].北京：人民教育出版社，1993.

教学理论在历史的教学实践中生长，随着人们对教学实践认识的深化而发展。虽然严格意义上的教学是从近代形式化的教学制度形成之后才有的事，但更为宽泛的教学（大教学）实践却和人类的教育一样久远。人类的教学实践经历了自在、自觉、自为的历史阶段，并向着自由的教学阶段发展。其间，人们积累和总结了极为丰富的教学实践经验，成为教学理论产生和发展的经验前提和必备资源。同时，人们在长期的教学实践中会遇到这样那样的问题，这些问题触动和深化着人们对教学的认识，人们也一直在寻找着"教师便于教，学生便于学"的有效方法和途径，并进行着理论的思考。这种理论思考"把教学实践中涌现出来的各种理论问题加以整理、组织和综合，使其系统化，并用之于指导教学实践，这种理论便是教学论"①。教学理论发展至今，各种流派的学术观点和主张相互争鸣、兼容和渗透，并呈现出综合化的发展势头。可以说，各种教学理论流派的学术争鸣是教学理论得以发展的强大动力。

第二，教学理论在社会的互动性关系中发展自身。虽然"理论可以在思想里自由地驰骋，也可以进入人的内心而搁置起来……是一种准备工作"②，但是，它总归要进入社会实践领域，由个人的理论转变为大众的理论，由"所倡导的理论"（Espoused theories）变成"所采用的理论"（Theories-in-use）再转化为广大的教师和其他实践人员的实际的工作力量。因为传播是教学理论的重要功能，而传播的动力源、媒介、渠道和归宿只能是社会的互动关系，更何况，理论家本身也是这种社会关系中的一分子，他的理论表态不可能只是内心独白，而只能是与社会、历史的双向对话，他也不可能在社会历史之外发表意见，而只能在社会历

---

① H·帕特森. 教学论简论 [J]. 汪刘兰，译. 教育评论，1986（4）.
② 雅斯贝尔斯. 教育是什么 [M]. 邹进，译. 上海：生活·读书·新知三联书店，1991.

史之内陈述观点。"解释归根到底是心理学或社会学的。"① 马克思曾指出："人们按照自己的物质生产的发展建立相应的社会关系，正是这些人按照自己的社会关系创造了原理、观念和范畴。"② 从这个意义上讲，教学理论在本质上就是一种社会实践性理论。

如前所述，**教学过程从本质上讲是一种独特的交往活动过程。其间生生交往、师师交往、师生交往以及师生与教学过程之外的其他人员的交往，构成一幅动态复杂的社会关系网络。**教学过程本身的这种社会性规定，决定了教学理论所反映的内容必然具有社会关系的属性。另一方面，教学认识或研究过程，是个人在社会共同体中的社会认识过程，个人的认知结构性质不仅仅取决于他先天赋予和后天形成的感觉与思维能力的性质，更主要地取决于某一社会共同体的群体规范的性质。这种共同体的规范经过长期的作用与影响，会形成约束和引导研究者的行为价值规范和精神气质。

巴伯等人从知识社会学的角度论证了对科学（或知识）做社会学研究的实质和意义。他说："科学成果——科学发明与发现是一种具有基本的社会特征的过程的产物。"只有从社会角度研究科学，才获得"对科学本身更科学的理解"。③ 劳丹也指出："社会学家之所以在科学信念和社会地位之间发现不了什么联系，其主要原因是绝大多数的（尽管决不是所有的）的科学信念似乎什么社会意义也没有。"④ 因此，把教学理论置于广阔的社会关系背景中做社会学的系统考察，是正确地揭示教学理论实质的必要途径和有效方法。

① 库恩. 必要的张力 [M]. 纪树立，等译. 福州：福建人民出版社，1981.
② 马克思恩格斯全集：第 4 卷 [M]. 北京：人民出版社，1972.
③ 巴伯. 科学与社会秩序 [M]. 顾昕，等译. 上海：生活·读书·新知三联书店，1991.
④ 拉瑞·劳丹. 进步及其问题 [M]. 刘新民，译. 北京：华夏出版社，1999.

第三，教学理论是文化的延承和再生。教学理论是人类文化宝库中不可或缺的重要内容，它产生于文化之中，延承着文化的精神和内容，再生着文化的新质。首先，文化的演进促成了教学理论的产生。罗伯特·乌利希曾通过对欧洲文艺复兴动因的分析，强调了文化与教学理论的促成作用：亚里士多德的重新发现，为时代的教学理论提供了新的思维模式，重视了理性和人性；13 世纪的思想交流，发掘出古希腊文化的遗产，并吸收了东方文明的硕果；"学术组织化"、制度化——学府的出现，百家争鸣，动摇了宗教正统的观念；文化内部出现危机，动摇了文化的基本结构。①文艺复兴的直接结果是对社会科学、人文科学更加强调与重视，自然科学不断分化和发展。作为具有理论形态的教学理论初步诞生的标志——夸美纽斯的《大教学论》便在此时问世。

其次，教学理论的进一步发展正体现和延承着文化的基本精神，也创造着新的文化。文化精神是人文精神与科学精神的合金。**教学理论就是文化精神的集中体现：它不仅是智力（或真理）定义的文化，而且是人类学意义上的文化，蕴含着教学工作者人性的品质与才能。**正如美国人类学家基率所指出的："我们看到的事物都是经过文化经验而学会去看的那个样子。"②同时，人类取之不尽，用之不竭的文化内容，又源源不断地输入教学理论之内，促成教学理论的传播、扩散与交流，使文化得以延续。同时，教学理论在传播和交流的过程中，不断得到修正、深化与完善，以新的内容和形式丰富和更新着原有的文化，创造着新的文化。教学理论与文化之间的彼此促进、相互渗透、共同发展的关联性作用及其方式，是教学理论的文化性体现。

① 张力钢.在文化基础上重建教育理论［J］.外国教育研究，1988（2）.
② 北晨，编译.当代文化人类学概要［M］.杭州：浙江人民出版社，1986.

二、当代国外教学理论的走向与启示

20世纪五六十年代以来，特别是近十多年来，国外教学理论得到长足的发展，关于教学的新观点、新思想及其相应的教学策略和方法不断涌现，对中国教学理论和改革实践产生了广泛而深刻的影响。

（一）当代国外教学理论发展的基本走向

总体上看，当代教学理论基本上是在科学主义与人文主义两大主流的研究传统之间更替和发展着，并相互借鉴和吸收，有进一步融合的趋势。

赫尔巴特主知主义教学理论主要沿着两条路径向前发展：一种是经实用主义、行为主义和认知主义的改造和发展，把教育心理学化运动引向科学实证的研究轨道；另一种是经过杜威的经验实用主义的改造和发展，把卢梭开创的儿童中心主义的思想引向人文伦理的研究轨道。此外，苏联和中国的教学理论研究基本上秉承了赫尔巴特的哲学研究传统，只不过是对它进行了马克思主义认识论的改造。

当代国外教学理论是在学术争鸣的氛围中向前发展的。杜威的实用主义教学理论对赫尔巴特学派的传统教学理论的批判与斗争，实现了知识授受教学向经验获得教学的转变；以斯金纳为代表的行为主义教学思想流派与以罗杰斯为代表的人本主义教学思想流派在20世纪50年代初围绕人及其在教学中的地位问题，展开论争交锋，形成行为化的操作性教学与人文化的情意（人格）教学的长期对峙。在各流派相互争鸣的作用下，当代教学理论不断吸收融合科学与人文的合理因素，做出向更高层次整合的尝试。布卢姆把教学目标分成认知、情感和动作技能三大领域，提出教学目标分类学理论。我们从中可以看到杜威的实用主义、布鲁纳的认知结构主义和行为主义教学思想的有机融合。罗杰斯的人格教学理论既注重系统知识和技能的获得，更强调教学应合乎时代要求的伦理道德观念，并把知识与技能的获得统整于新型的伦理道德观念之下。20世纪70年代以来，随着教学理论研究"自我意识"的进一步觉醒，人们借鉴现象学、解释学和分析批判哲学的思想和理论，更注重回归教育问题本身，回归现实的教学生活实践之中，在主客体交融和交往实践中进行整体的、诠释的、体验的把握，不断彰显了教学理论的人文性和主体精神。建构主义教学理论、多元智能理论、反思性教学理论等也纷纷登场，质的研究方法如田野研究法、叙事研究方法、行动研究方法已开始渗入研究者对教学现实问题的研究之中，产生了一幅蔚为壮观的新的研究景象。

如果说赫尔巴特的教学理论主要关注教师教的方面，关注课堂教学管理实践层面，杜威的教学理论已开始关注学生学的方面，关注教学生活实践层面的话，那么，当代的伦理教学理论则进一步向教学交往实践层和教学观念实践层拓展与深化。当代教学理论不仅扩充了传统的课堂教学管理所论及的范围，而且沿着杜威开创的关注和指向教学生活实践的道路，重新审视和探讨了教学论中的独白与对话、自由与纪律、公平与效率、民主与权力的关系，更加充满教学中的人文情怀，特别是后现代主义教学理论从不同角度尤其是在方法论和元认知层面对传统教学理论的知识观、学习观、师生观和教学观进行了批判和解构。

另外，当代教学理论对教学情境复杂性的揭示，也拓展了教学理论研究的视角。教学理论研究不可能只是一个视角、一种观点、一种依据，而是体现出多元思维、多重视角、多种观点的整合。**多伊尔（W.Doyle）曾从六个方面分析了教学系统的复杂性，教师在课堂中的任务不仅仅是系统地传授知识，而是要面对多维的工作任务，同时发生的课堂问题、**

刻不容缓的问题反馈、事件发生的不可预测性、活动的公开性和社会历史文化传统对教学的制约性。① 如此看来，用一种模式或一种视角，无论如何也不能全面把握教学活动的复杂性，而必须用多种角度和多种研究方法予以整体把握，进而融入教学理论的整体性之中。如从哲学的视角予以反思、提炼和综合，从科学和经验的视角分析教学过程各个因素及其相互关系，揭示其规律性，从艺术视角去体验教学过程之中的情感与美感，从价值的视角去挖掘教学活动中的道德性和人文性因素等，这样综合的研究，不仅会使教学理论成分丰满，而且更为深刻。

概括起来，当代国外教学理论的基本走向，大体强调以下几个方面。

1. **面向学习者**。面向学习者，以学习者为中心是当代国外教学理论的主题，也是对传统教学理论片面强调教师教的超越。罗杰斯强烈地批判了传统教学理论对学生主体性和好奇心的压制，围绕"以学习者为中心"的教学目标，提出了"非指导性教学"的教学主张；赞科夫的教学理论是以学生的一般发展为最终追求，他认为一般发展不仅包括智力发展，而且包括情感、意志、道德品质、个性特点和集体主义精神的发展，并且一般发展还应当包括身体的发展。探究式教学理论、有效教学理论、对话教学理论和多元智能教学理论更是强调以人的发展为教学的出发点和落脚点，积极倡导主体的主动探究，最大限度地促进人的发展，在平等对话中建构有意义的知识和多层面、多角度开发和培养人的优势潜能。

2. **关注合作交往**。对话教学理论认为，师生之间、生生之间应是一种平等、民主、和谐，并充满人情关怀的关系，是一种"你我"关系、一种交融沟通的关系、一种理解的深层交往关系。只有建立起这种情意

---

① Armstrong D G. Teaching today: An Instruction to Education ［M］.6th Edition.New Jersey: Merrill Prentice Hall，2001.

融融的交往合作关系，才能真正确立学习者的主体地位，发挥学习者的主动性和创造性。对话即包含、对话即创造、对话即"多重和声"、对话即理解的观点，体现了对话教学理论的核心观点，是对交往与合作理解的深化。

3. **自主建构知识。**探究式教学理论强调学习是主体基于情境的自主建构或主体与环境之间相互作用的观点。就是说，学习并不是把知识从外界搬到学习者的记忆中，而是以学习者已有的经验为基础，通过与外界的相互作用来建构新的知识的过程。在学习的过程中，原有的知识由于新经验的介入而发生调整和改变，因此，学习并不是简单的信息积累、信息加工，它包含新旧经验反复的、双向的相互作用过程。由此可以推断出，学习不是一个被动吸收、反复练习和强化记忆的过程，而是一个以学生已有的知识和经验为基础，通过个体与环境相互作用并由学习者以自己的方式建构对事物的理解的过程。同时，学习也是一个对话和合作的互动过程，通过对话与合作，师生构建起真实的、有意义的知识。

4. **为理解或思维而教。**理解和思维是当代教学理论关注的重要论题之一。多元智能教学理论认为，教育的目标是培养学生真正理解并学以致用的能力。"真正理解"的含义包括：首先，学生能用自己的语言解释概念，进行知识的内化；其次，能对新知识进行迁移并生发出新的推论，举一反三，触类旁通；最后，能用所学的知识解决实际问题并有所创新，这是理解的最高层次，也是理解要达到的真正目标。"为理解而教"作为多元智能教学理论追求的教学目标，支撑着整个教学体系，统领着整个教学过程。同时，当代教学理论更加注重对学生思维的训练和培养，认为基于问题及解决的思维能力的养成，是超越静态知识的一种智慧的表现，是发挥创造性的条件。波兰教学论专家奥根（W.Oken）把传统教学理论比喻成"记忆教学理论"，进而提出"思维教学理论"

的主张。

5. 走向个性养成。 20 世纪 60 年代以来，关注人的完整性、生成性和自我实现的人格教学理论崛起，成为与行为主义教学理论、思维教学理论和传统的以教师为中心的知识授受型教学理论截然不同的另一种势力，引起现代教学理论界的关注。罗杰斯主张在教学目的上，培养"充分发挥潜能和作用的人"，达到自我实现；在教学中进行的是一种人与人的情感活动，而良好的心理气氛是"这种教学"的现实依托；在教学方法上强调学生自我发起、参与、渗透和评价。多元智能教学理论把这种个性养成进一步丰富化和具体化，强调每个人都有自己优势的潜能，教学必须以多种内容、形式和策略来唤起和培养人的个性潜能。这种以个体的整个行为、情感、态度、个性所投入的学习，是真正集知识增长和经验于一体的有意义的学习。

（二）当代国外教学理论对中国的影响

当代国外教学理论对中国的影响，主要体现在教学论学科建构和教育教学改革实践两个方面。

一方面，深刻地启迪了中国教学理论研究方法论和教学论学科建设。改革开放以来，教育界对当代国外教育教学理论进行介绍和引进，对中国教学理论研究产生了重要的理论指导和方法论启示。有人依照哈贝马斯提出的"认识的解放旨趣"并结合当代国外反思性教学的研究成果，详尽地探讨了反思性教学的合理性问题及其完整的实践过程问题，为合理地解决教学理论与教学实践关系提供了可能的参照性框架，如熊川武教授的《反思性教学》（华东师范大学出版社 1999 年版）等；有人用系统科学思维方法分析教学系统的构成要素及诸要素的相互关系，如吴也显教授主编的《教学论新编》（教育科学出版社 1991 年版）、李秉德和李定仁教授主编的《教学论》（人民教育出版社 1991 年版）等。这些理论无疑受到现代三大教学理论流派，特别是巴班斯基教学过程最优化理论的影响。

近年来，中国教学理论积极借鉴国外教育教学理论研究新成果，立足本国教学研究领域的现实问题，努力确立自己的生长点，既扬弃中国古代的教学话语，也与世界其他文化体系中教学话语展开真正意义上的对话，在这种"扬弃"与"对话"的合力中，重建中国当代的教学理论。在这个方面，有代表性的首推钟启泉教授和张华教授主编的，由教育科学出版社出版的《世界课程与教学理论文库》。该文库选取了 20 世纪 70 年代以来特别是 90 年代以后世界课程与教学理论名著予以引进与介绍，如日本学者佐藤正夫的《教学原理》，佐藤学的《课程与教师》和《学习的快乐——走向对话》，加拿大学者范梅南的《教学机智——教育智慧的意蕴》和《生活体验研究——人文科学视野中的教与学》，等等。另外由中国轻工业出版社推出的"基础教育改革与发展译丛——教学模式与方法系列"丛书，针对教师的教学与学生的学习"在场"的、"情境中"的、"行动中"的现实问题，进行简明真实的探讨和分析，对一线的教学研究者和教学工作者有着有益的指导与借鉴。

21 世纪到来之时，随着中国新一轮基础教育课程改革的不断推进，随着全球化和多元文化浪潮的涌动，中国教学理论研究进入了一个新的历史时期，产生了许多与时代发展和世界潮流相合拍的研究成果。这里仅以教育科学出版社近年来出版的课程与教学理论著作为例，来说明这个时期的研究成果。如裴娣娜教授主编的《课程与教学研究新视野文库》，在现代课程与教学论研究视野中寻求学科发展的新基点，重构学科的理论框架，研究中国基础教育乃至高等教育课程与教学改革中的现实问题，探索面向 21 世纪中国课程与教学论学科建设的发展方向；袁振国教授主编的《新世纪教师教育丛书》，借鉴国外教育教学理论研究的新成果，针对当前中国教育改革，特别是新课程改革中教育发展和教师职业成长的重要理论、观念、设计、指导、测量与评价等问题，在理论与实践的结合上进行了有益的探讨；杨九俊教授主编的《新课程教学问题与解决丛书》，更是从操作与实践的层面，为教师从"走向"新课程到"走进"新课程提供了理念、经验与策略，等等。

另一方面，持久地影响了中国教育教学观和教学改革实践（实验）。当代教学理论对学习者及其主体性的高度关注，深深地影响了中国"以人为本"教育教学观的确立。重视教育对学生的发展价值，着眼于学生的全面发展、个性发展与和谐发展，逐渐成为各种教育实验的主旋律。"适应学生的教育是最好的教育"，此时的教育研究和实践活动要求充分尊重学生的主体地位，尊重学生的情感，相信学生的潜能，真正视学生为独特的个体和主体，强调德、智、体等方面教育在每个学生身上的具体落实，重视智力因素与非智力因素全面和谐的发展，这是学生终身学习的基础。中国的基础教育新课程改革从"知识与技能""过程与方法""情感态度与价值观"三个维度提出课程教学目标和内容，在强调基础知识和能力的同时，更看重创新精神和实践能力，终身学习的愿望和能力的养成。20世纪90年代初开始的"主体教育"实验，针对传统教育中严重忽视"人"的发展这一问题，设计了"主体参与，合作学习，差异发展，体验成功"的发展性教学策略，强调要始终把学生放在首位，并以此作为促进学生主体发展的手段，强调学生的能动性，反对强加的灌输教学方式，同时要善于理解并充分尊重学生的合理选择，旨在培养学生的主体人格，实现学生的主体发展。"新基础教育"实验更是从人的生命实践活动出发，注重在师生多向互动、动态生成的教学活动中，沟通书本世界与生活世界的关系，展现和提升师生的生命质量和精神价值。

"新教育实验"围绕"世纪新人"的培养目标，提出了全新的教育思想，付诸了六大教育行动（营造书香校园、师生共写随笔、聆听窗外声音、培养卓越口才、构筑理想课堂、建设数码社区），着力"让人过一种幸福完整的教育生活"。无论是哪种教育实验，它们都坚信"个体能够自主学习且能够主动学习"，并以此为基础强调开发学生的个体潜能，重视培养学习者的完整人格，并促之和谐发展。

新一轮课程改革的理论基础更多地受建构主义教学理论和多元智能教学理论的影响，有效地促进了中国课堂教学模式和方式的转变。近年来，教师更加注重根据不同年龄段学生的认知特点，引导学生主动学习；积极实行启发式教学和参与式教学，激发学生独立思考和创新意识。课程改革后的课堂突出了学生学习的主体作用，注意学生的创新精神和实践能力，注重了学生的参与、体验和感受。目前中国中小学的课堂教学模式和方式发生了巨大变化，多样化的教学实践形态正在形成，如活动取向教学模式、生命取向教学模式、动态生成取向教学模式、交往与对话取向教学模式和自主取向教学模式等，课堂教学逐步地"从教师本位向学生本位转变，从独白式教学向对话式教学转变，从封闭式教学向开放式教学转变，从传递接受式教学向以引导探究为主要特征的多样化教学转变"①。

三、教学实践的复杂性

我们以辩证的实践唯物主义为指导，力求在对马克思主义的实践观做出符合其本来面目理解的基础上，全面透析教学实践的多重层面和多

---

① 段作章. 新课程改革与教学模式转变［J］. 教育研究，2004（6）.

重关系，以期对中国的教学改革实践和教学理论研究提供有益的启示和借鉴。

（一）对马克思主义实践观的正确解读及其方法论启示

实践是马克思主义哲学大厦的基石，实践的观点是辩证唯物主义和历史唯物主义的首要的和基本的观点。要想深刻地透析教学实践问题，就必须全面科学地把握马克思主义的实践观。

西方哲学史上，最早对实践问题进行专门研究的是亚里士多德。"实践"一词源自 Praxis（希腊语），指多种自由活动，是在政治伦理生活中自由活动。亚里士多德将实践区分为道德实践（目的在做的过程）和物质生产（最后的产品）两类。[①]他认为，实践是蕴含道德目的的人类活动和人们在具体的历史情景中慎重明辨地做出行动的总和。亚里士多德将之称作"实践智慧"，即明智（Phronesis）。这里的"智慧"不只是对普遍者的知识，而且还应通晓个别事物。因为它涉及行为，而只有对个别事物的行为才是可行的。[②]所以，实践成为一种反思性的向善的行为活动。由此，亚里士多德开创了"实践哲学"的传统。"实践哲学"是一种旨在将道德知识与行为倾向联合起来，以便这种知识能采取一种具体的理论思维形式。[③]康德从人的理性（先天的能力）中区分出理论理性（纯粹理性）和实践理性（道德理性），把实践看作是人类进行道德实践的先天的综合能力。"理性在形而上学方面的思辨的使用必然同

---

① Lobko wicz. N. Theory and Practice. History of a Concept from Aristotle to Marx，University of Notre Dame Press，1967.

② 亚里士多德. 尼各马科伦理学 [M]. 苗力田，译. 北京：中国社会科学出版社，1990.

③ W. 卡尔. 技术抑或实践——教育理论的未来 [J]. 袁文辉，译. 华东师大学报（教科版），1995（2）.

理性在道德方面的实践的使用是统一的。"① 黑格尔则认为实践是绝对精神自我运动中的一个中介的阶段和环节，即作为中介性或差别性形式的认识（包括理论理念和实践理念）的表现形态。②

马克思吸收了上述三人的合理内核，特别是改造了黑格尔本末倒置的唯心主义神秘思想，创立了辩证的"实践唯物主义"理论体系。这集中地体现他的劳动（生产）理论中。马克思主义实践观的基本要点有：第一，人类的实践创造了和创造着自然界的外部世界和人的内部世界。"整个世界历史不外是人通过人的劳动诞生的过程，是自然界对人来说的生成过程"③。第二，实践是人类根本的生存方式。"环境的改变和人的活动的一致，只能被看作并合理地理解为革命的实践。"④ 第三，人通过实践确立对象性关系，也对自己的本质力量予以确证。"真理是否具有客观的真理性，这并不是一个理论的问题，而是一个实践的问题。人应该在实践中证明自己思维的真理性，即自己思维的现实性和力量，亦即自己思维的此岸性。" "对属人的现实的占有，属人的现实同对象的关系，是属人的现实的和实际上的实现。"⑤ 第四，实践受人的主观目的和意志的指引与调控。"在社会历史领域内进行活动的全是具有意识的，经过思虑或凭借激情行动的，追求某种目的的人，任何事情发展都不是没有自觉的意图，没有预期目的的。"⑥ 第五，实践的主体是具有实践能力的人。"思想根本不能实现什么东西。为了

---

① 康德. 任何一种能够作为科学的未来形而上学导论 [M]. 上海：商务印书馆，1976.
② 康德. 任何一种能够作为科学的未来形而上学导论 [M]. 上海：商务印书馆，1976.
③ 马克思恩格斯全集：第42卷 [M]. 北京：人民出版社，1972.
④ 马克思恩格斯选集：第1卷 [M]. 北京：人民出版社，1972.
⑤ 马克思. 1844年经济学——哲学手稿 [M]. 北京：人民出版社，1979.
⑥ 马克思恩格斯选集：第4卷 [M]. 北京：人民出版社，1972.

实现思想，就要有使用实践力量的人。"①马克思主义的实践观，为我们科学地理解实践的本质内涵，提供了强有力的方法论启示。

以前，我们对实践的本质做了片面化、狭窄化的理解，仅仅把实践解释为外部的可感性的客观物质活动，把实践作为认识的内容，视为认识的环节。如传统认识论认为，实践的最高目的在于获得对外部客观世界的正确反映，即真理性的知识，认识的过程等同于纯认知的过程。这种观点不仅背离了马克思主义实践观的本意，动摇了马克思主义哲学的实践"基石"，而且曲解了理论与实践的辩证关系，造成了人们思想观念中的错误认识。实际上，实践是认识的来源和归宿，它不仅包括人客观的物质实践活动，还包括人的精神实践活动，如人们的理性思维活动，通过科学实验和研究创生理论或思想的活动，根据一定的理论、计划、设想、假设和目的去探索和认识世界的实践活动等，都是实践的应有之意。认识是实践活动的环节，认识的本性所表现的首先是实践的本性，即创造的本性。这是对符合马克思主义实践观本来面目的科学理解。

（二）国内外学者对教学实践问题的研究述评

在国内，关于教学实践，人们的看法大同小异。有学者认为教育实践（包括教学实践）是对人类所进行的教育（教学）活动的总称。②这种观点比较概括，但很笼统。对教学实践活动到底有哪些方面的内容和形式，没有进一步展开论述。也有学者认为，教育（教学）实践是一种有意识、有目的地培养人的活动。③这种观点对教学实践的内涵及其表

---

① 马克思恩格斯全集：第 2 卷 [M] . 北京：人民出版社，1972.
② 叶澜. 思维在断裂处穿行——教育理论与教育实践的关系的再寻找 [J] . 中国教育学刊，2001（4）.
③ 毛祖桓. 中介研究——高等教育理论向实践转化的桥梁 [J] . 教育研究，1998（12）.

现形式没有揭示。还有学者认为，教学实践是指现实的教学活动中感性的职业行为方式的总和，具体包括教学管理、教师课堂教学行为等。①这是把丰富多样、复杂多变的教学实践做了片面、狭窄的理解。其实，教学实践不仅仅包括"感性的职业行为"，还有"非感性的行为和活动"，如师生的内部思维活动等；不仅包括"教学行政人员的管理行为、教师的教学行为"，还包括学生的学习行为（认知的、情感的、意志的）和师生的交往行为等。**教学实践领域是多重性的属人的世界，人的多重本质诸如自然属性、社会属性、思维属性、情感意志品质、道德审美追求等在相对集中的教学时空组织中聚合、冲突、释放与转化，再加上教师的教学能力、教学风格各异，学生的个别差别存在，愈加使教学实践活动呈现立体多维的网络化态势。** "既是自然的，又是属人的，既是客体性的，又是观念性的，既是因果性的，又是目的性的，既是必然性的，又是自由的，如此等等。"②这正是教学实践丰富复杂性的真实写照。

熟知的东西不一定是真知的东西（黑格尔语）。人们对教学实践问题的观点分歧不大，并不能说明已经真正认识和科学地把握了教学实践的实质。其根本原因在于研究者没有突破传统认识论的思维框架，缺乏对马克思主义实践观的正确把握。总之，在国内人们对教学实践问题的研究或笼统、含混，或片面、单一，这一状况表明对此问题的研究有待进一步深化和发展。

那么，教学实践包括哪些方面？如何概括这些教学实践呢？美国现代教育哲学家J. F. 索尔蒂斯在《论教学的品德和实践》一文中，依据"教学具有使人向善的品德"，总结出三种不同的、可以识别内在的善的教

---

① 迟艳杰. 教学领域中的理论与实践——兼论我国教学论学科面临的主要问题及发展选择 [J]. 中国教育学刊，1997（4）.
② 高青海. 哲学回归现实之路 [J]. 社会科学战线，1993（1）.

学实践：管理型的教学实践、治疗型的教学实践和解放型的教学实践。[①]其中，管理型的教学实践把教师当作一个管理教室、学生和学习而具有高效率出成果的人，他使用最好的科研成果、课程材料和行之有效的技术帮助学生达到具体的学习目标。治疗型的教学实践目的是使学生发展为具有个性的人，并且通过自发的、对自己有意义的那种学习来激发他们的潜能。解放型的教学实践目的是发展心智，从而解放个人，独立思考自我反省。索尔蒂斯的三类教学实践，大体上与哈贝马斯的人类认识的三大旨趣（技术的认识旨趣、实践的认识旨趣和解放的认识旨趣）相吻合。然而，索尔蒂斯关于教学实践的类型划分，主要是从教师教的方面入手，虽然着眼点在于促进学生的发展，但对学生学习的类型和方式却没有给予应有的关注。因此，这种观点仍需进一步的完善。相比之下，日本学者佐藤学将教与学的实践理解分为三个范畴构成的复杂活动，[②]则更为合理。第一个范畴是构成教与学这一文化实践之中心的认识形成与发展的活动范畴，第二个范畴是介于教与学的认识活动之间并促进该活动的人际关系范畴，第三个范畴是该活动主体——教师与学生的自身内部关系的范畴。这三个范畴分别对应三种教与学的实践，即认知性、文化性教学实践，政治性、社会性教学实践和伦理性、实存性教学实践。此外，佐藤学还提出了"看得见的实践"（感性实践）和"看不见的实践"（观念性实践）的概念，进一步拓宽和完善了教学实践的研究领域和内涵。

（三）教学实践的多重层面和复杂关系透析

分析教学实践的层面和关系，须从教学的存在形态即教学存在出发。"存在"一词最基本的意义，是相对于"无"的"有"，即指教学的实

---

① J. F. 索尔蒂斯. 论教学的品德与实践 [J]. 华东师大学报（教科版），1986（3）.
② 佐藤学. 教室的困惑 [J]. 华东师大学报（教科版），1998（2）.

存形态，其主要内容包括历史已经存在、当下现实存在和未来可能存在
的教学现象、教学事实、教学问题、教学经验、教学思想、教学管理及
决策等。在这里"教学"一词当名词解。教学存在形态在类型上主要表
现为活动型的教学存在形态、观念（或理论）型的教学存在形态和制度
型的教学存在形态三种。

活动型教学存在指一切以影响和发展人的知识、智力、体力、技能、
品德等方面的，以师生的行为和相互作用方式呈现的教学形态，如教师
的教学行为与方式、学生的学习行为与方式、师生的互动行为与方式、
教学内容的呈现行为与方式等。这是教学存在中最基本的表现形态。

观念型教学存在是以观念或理论的形态而存在的教学，可分为两类：
第一类是人们在教学的认识活动中所形成的有关教学的意图、建议、观
点、计划、方案、思想和理论体系等。无论以教学过程的因素、关系、
阶段、环节为着眼点，还是以教学双方的相互作用方式为认识内容，无
论以教学历史的进化和发展进行研究，还是以理论主体的精神活动如想
象、直觉和理解来观念地预设未来形式的理想教学形态，都是一种客观
存在。过去，我们把"存在"与"思维"相对应，把"存在"理解为客
观的物质存在，这就窄化了"存在"的本质内涵。第二类是教学研究的
反思型存在①。它与第一种观念型教学存在有许多相似之处（如都表现
为一种"精神产品"），但在内容和层次上却有明显的不同。前者，具
体的或历史的教学活动为对象或原形当作认识内容，后者则更进一步，
把前者的认识成果作为再认识或反思的依据和内容，其抽象和概括的程
度也更高。近年来，中国学术界"元教育教学理论"的讨论，反映了对

---

① "反思型存在"这一概念，首先由叶澜教授提出。参见：叶澜. 教育研究方法论初
探 [M]. 上海：上海教育出版社，1999.

反思型教学存在问题的研究高度重视和理论研究主体自我意识的不断增强。

制度型教学存在，是保障活动型教学存在，促成观念型教学存在向规范化、合理化运作的调控性教学存在。它表现为一套成文或不成文的律令、格式、规范等。制度型教学存在可依其规范的程度和性质分为民主式教学制度存在和保守式教学制度存在、开放的教学制度存在和封闭的教学制度存在等几种形态；依层次可分为宏观的教学决策系统、中观的教学管理系统和微观的教学组织实施系统等三个层面。

从上述三种教学存在形态中，可以剥离出以下四个层面的教学实践，即教学生活实践层、教学交往实践层、观念活动实践层和教学制度实践层。

教学生活实践层。生活实践是人类首要的和最基本的实践形式——与人的基本生活需要密切相关的衣、食、住、行等的物质资料再生产，对此马克思主义经典作家曾做过详尽的论述。波普尔曾区分出认识的两个相关领域——日常知识或常识问题领域、科学知识的问题领域；现象学大师胡塞尔明确提出"生活世界"的概念，做出向"生活世界"回归，"回到事物本身"的本体论承诺的哲学努力；分析哲学家维特根斯坦又提出向"生活形式"的分析追问；等等。可见，生活实践已被纳入现代哲学家的视野，并成为他们关注的核心问题。在教育史上，杜威早在20世纪初就提出："教育即生活""教育即生长""教育是经验的不断重组"等著名论断，教学的基本实践形式就是儿童"从做中学"。① 在教学实践中，学生并不是带着一张白板进入课堂的，而是带着先前的生活经验，带着种种需求与渴望作为主体能动意识而参与和进入教学生活中，

---

① 滕大春主编. 外国教育通史：第五卷 [M]. 济南：山东教育出版社，1993.

教学生活是学生先前生活和经验的进一步延伸、充实和完满的必要形式，是学生整体生命中不可缺少的重要组成部分。同样，教师也是如此，不过教师是把教学生活作为自己职业生活的一部分而纳入他们的整个生活历程中。总之，师生双方是在教学生活实践中表现、确证和展开各种教学活动的。

教学交往实践层。教学交往实践是教学实践的重心所在，它表征着教学活动过程的本质。正是师生双方不同形式、不同层次、不同性质的多重交往，才结成教学的多重关系网络，维系着教学向着合目的性和合规律性的境界发展和运行。知识授受型交往是教学交往的基本形式，它发挥着完成既定的教学任务、教学计划和促进学生的认识不断完善和深化的本体性功能；情感沟通型交往是教学交往的另一种重要形式，它对新型师生关系的建立和优良教学气氛的达成，意义重大；信息反馈型交往作为知识授受型交往的辅助形式，起着优化和改进教学效果的独特作用。此外，教学交往的另一种辅助形式——人际交流，不仅存在于教学过程之中，也可延伸和扩展到教学过程之外，如教师与教师之间的交流、教师与行政人员的交流、教师与其他社会人员的交流、学生与同伴及家长的交流等。教学的人际交流一方面扩散教学的影响，另一方面又把外在的需求、意见、观点及有用信息带回课堂，保证了教学活动系统与其他社会子系统的协调与一致。

观念活动实践层。观念活动的实践就是佐藤学所讲的那种"看不见的实践"。在教学过程中它主要表现为师生双方大脑内部的对信息的摄取、加工、重组、建构等的认知活动；分析、比较与综合、归纳与演绎等的思维活动；也表现为师生的道德、情感、审美的体验等心理活动。教学观念活动实践的结果则表现为问题的解决、认识的形成与深化、教学价值观的确立、自我意识的形成等。在整个教学实践活动中，观念活动实践层是一个动力调控系统，对整个教学实践活动起着激励、定向、维持、控制的作用。以前，在中国教学理论界，把观念活动过程看作一个纯认识的活动，与可感的物质活动相对应而将其排除在教学实践活动范畴之外，这种"企图在认识与实践之间明确划界，但因难以消除二者界限的模糊性没有如愿以偿。对'实践'的界说和理解中，总是把认识活动也包括在内。这主要是因为我们无法回避这一点：认识活动本身就是一种实践"①。我们将认识活动或观念活动作为整个教学实践活动的一个重要组成部分或一个发展环节，就是要力图回到马克思主义实践唯物论的本意上去，以纠正以往狭隘认识论或真理观上的偏颇。

教学制度实践层。教学制度的实践与观念活动的实践相比，具有更强的外在的规范性和强制性。但是，教学制度的实践决不仅仅表现为一种静态的形式和干巴巴的条文或律令，它是不断建设、修正和完善的，并且表现为一种对教学活动有实际影响的过程，因而它是动态发展的。近段时间以来，我们一直在探索建立一种以人为本的民主、开放的教学制度，一种学习型的组织，从而实现对专制的、僵化的、保守的教学制度的解放。从这个意义上讲，教学制度应纳入整个教学实践的范畴。一般情况下，常规的教学活动在教学制度面前是受动的和服从性的，它以教学管理、教学组织和教学决策的形式发挥作用，具体反映在教学目的、教学大纲的规定和要求中，因为教学制度体现着权威意志。但另一方面，师生在变动不居的教学情景中，并不能一味地把教学制度作为一种外在的权威性标志无条件地受动和服从，他们对权威的教学制度有建议、批评与反思的权利和义务，应把教学制度内化为自己价值观的一部分，重构权威的教学制度。当然，对权威的教学制度的建议、批评与反思，并

---

① 黄盛华.认识活动本身就是一种实践［J］.争鸣，1989（5）.

做出合理化的重构，其关键在于分清权威的合法与否。弗洛姆指出："真正的问题是，我们必须有什么样的权威？权威有理性的权威与非理性的权威，这是造成意识形态是否合法的重要原因。理性的权威产生于健全的能力之中，它是建立在权威的拥有者与受权威制约者双方平等之基础上的，不仅允许，而且要求那些遵从权威的人经常督促和批评。而非理性权威产生于对人的控制，其真正的本质是不平等，它不仅不需要批评，而且严禁批评。"① 只有既服从，又合理的批评，才能保持教学与其制度的动态平衡。

上述对教学实践四个层面的划分和概括只是为了说明教学实践的丰富性和复杂性而做的相对的划分和概括。实际上，教学实践是一个系统的整体，教学交往实践、观念活动实践和教学制度实践都是以教学生活实践为基础而又服务于教学生活实践的，从这个意义上说，教学实践的整体性体现在教学生活实践的整体性上。或者说，教学交往实践、观念活动实践和教学制度实践统一于教学生活实践中。

不同层面、多种形式的教学实践，会结成多重的教学实践关系。如果从主体性的角度考察，教学中一般存在着三种关系：人与教学环境的关系、人与人的关系和人与自我意识的关系。在人与教学环境的要素中，对教学活动影响最大的环境因素有两类：一类是与师生的成长与发展密切相关的生活环境因素，表现为人与教学生活环境的关系；另一类是对教学活动起规范、定向和约束作用的教学制度环境因素，表现为人与教学制度的关系。所以，人与教学环境的关系也可分为人与教学生活环境的关系和人与教学制度（管理）环境的关系。人与人的关系是教学关系最重要、最核心的关系，主要的表现形式就是教与学的关系、师与生的

---

① 弗洛姆. 为自己的人［M］. 孙依依，译. 上海：生活·读书·新知三联书店，1988.

关系，即教学的交往关系。教学可感性的"看得见实践"也主要在这种关系中展开。人与自我意识的关系主要同师生双方观念性的思维活动有关，诸如师生相互的角色认知活动、教学情景认知活动、问题解决的思考活动、情感体验与审美体验活动等。这几种教学关系分别对应上述四个层面的教学实践形态，即人与教学生活环境的关系对应教学生活实践层，人与制度（管理）环境的关系对应教学制度实践层，人与人的关系对应教学交往实践层，人与自我意识的关系对应观念活动实践层。

第五章

中小学教学模式改革

　　本章在梳理分析了教学模式的内涵、特征、结构的基础上，列举了新时期以来中小学较为典型的课堂教学模式，从区域政策层面总结了各地推行教学模式改革的有效经验和成功做法，介绍分析了当今国外教学模式改革的经验，提出深化中小学教学模式研究的政策建议。

长期以来，人们一直在寻找教学理论与教学实践相联系的通道与桥梁。教学模式既是教学理论的浓缩化和可操作化的体现，又是教学实践的概括化和理性化的提升，即它既具有理论的品格，又具有实践的品格，因而成为人们关注的热点。

一、教学模式变革的基本历程与特征

最早将教学模式引进教学领域的是美国学者乔伊斯和威尔，1971 年他们合作编著了《教学模式》一书，从上百种教学模式中选出 25 种模式，分成信息处理、个人发展、社会相互发展和行为教学模式四大类。实际上，中国正式对教学模式的研究始于 1981 年。从那时起，中国的教学模式变革大体经历了三个发展阶段。

第一个阶段（1981—1988），以教学模式的介绍与引进为主的时期。如对加涅教学模式、塔巴教学模式、布鲁姆教学模式的介绍与引进等。这一时期的研究特征主要表现为：第一，对国外教学模式的介绍与引进仅是概述式的、粗线条的，较为笼统，还需要做具体化的工作；第二，在介绍与引进的过程中，对改造中国传统的教育教学理论和教改实践缺乏针对性的研究，对教学模式的中国化问题涉及较少；第三，对教学模式的基本理论问题如定义、结构、依据、理论基础、目标与建构等内容虽有论及，但没有形成规模，更没有达成共识，仍需要深入研究。

第二个阶段（1989—1994），以教学模式的理论探讨为主的时期。主要内容涉及教学模式的概念与结构、教学模式的特点与功能、教学模式的历史演进、教学模式的分类、教学模式的选择与应用、教学模式的建构等方面。此时期的特征是：第一，研究的科学化、规范化程度显著提高，其主要表现是研究者对教学模式的一些基本理论问题达成了共识；第二，对国外一些相关的教学模式进行了比较研究，如布鲁纳与奥苏伯尔教学模式的比较、个别化教学模式研究、中外教学模式比较等；第三，在引进与介绍的基础上，开始结合中国教育教学实践进行教学模式中国化的探索，着手构建具有中国特色的教学模式的新尝试。如南京师大提出的建立集体性教学模式、上海师大教科所提出的"创造式教学模式"等。这一时期研究者还对教学模式应用的条件及过程等现实性问题进行了研究，为教学模式在课堂教学的实际应用与操作提供了科学的理论依据。

第三个阶段（1995 至今），以新型教学模式的建构为主的时期。教学模式的建构主要表现在以下几个方面：一是针对传统教学模式的弊端提出改革的设想，或从传统教学模式中挖掘符合现代教育教学意义和价值的内涵和精神，古为今用，推陈出新；二是对教学模式建构的基本理论问题如建构的理论依据、基本原则、策略方法和程序系统等进行了较为全面科学的研究；三是应用现代教育技术的手段和方法来建构新型教学模式的努力和尝试；四是对现代教学模式特别是对建构主义教学模式的基本原理及其教学方法与教学设计更加重视。值得指出的是，这个时期对教学模式建构的探讨，大都是在教育教学改革与实验的基础上提炼、概括出来的。如以教学单元为整体的目标教学模式之探索、尝试教学理论与教学模式的探索、"情—知—行"教学模式的探索等。这个时期的研究突出地体现出科学化、规范化和多样化的时代特征。

21 世纪以来，特别是第八次基础教育课程改革以来，对教学模式的研究和探索进入全新的深化发展阶段。各类教学模式主要关注以下四个方面的内容：关注学生需求和兴趣，如"成功教育"教学模式、主体教学模式、创新教学模式、合作学习模式等；关注教师成长，如反思性教学模式、微格教学模式等；关注知识结构，如分层（分组）教学模式、问题解决教学模式等；关注师生关系，如"导学型"教学模式、"双主"教学模式等。总体上讲，课改以来的教学模式呈现出关注学生的自主生命活动、探究对话、动态可持续的价值取向；倡导启发式、参与式的教学方式和自主、合作、探究的学习方式，实现课堂教学从教师本位向学生本位转变，从独白式教学向对话式教学转变，从封闭式教学向开放式教学转变，从知识点向问题域转变，从传递接受式教学向以引导探究为主要特征的多样化教学转变。

二、教学模式的概念与结构

（一）教学模式的概念

在国外，较有影响的教学模式的定义是乔伊斯和威尔的定义。他们认为，教学模式是可以用来设置课程、设计教学教材、指导课堂或改进其他场合的教学的计划或类型。在国内，教学模式普遍被认为就是教学过程的模式，或是一种有关教学程序的策略体系、教学式样，即根据客观的教学规律和一定的教学指导思想而形成的整个教学过程中必须遵循的比较稳定的教学程序及其实施方法的策略体系。

（二）教学模式的结构

概括起来，任何教学模式都包含着教学思想（或教学理论）、教学目标、操作程序、师生组合、条件和评价等要素。这些要素各占有不同的地位，具有不同的功能，它们之间既有区别，又彼此联系，相互蕴含、相互制约，共同构成了一个完整的教学模式。教学思想（或教学理论）是教学模式得以建立的基础和依据，它对其他要素起着导向作用；教学目标是教学模式的核心，它制约着操作程序、师生组合、条件，也是教学评价的标准和尺度；操作程序是教学模式实施的环节和步骤；师生组合是教学模式对教师和学生在教学活动中的安排方式；条件保证着教学模式功能的有效发挥；评价能使人们了解教学目标的达成度，从而调整或重组操作程序、师生活动方式等，以便使教学模式进一步得到完善。一般说来，任何一个教学模式都包含这些要素，至于各要素的具体内容，则因教学模式的不同而各有差异。

三、新时期以来中小学较为典型的课堂教学模式

（一）新课程改革以来的代表性教学模式评析

以下这些学校所形成的教学模式虽名称各异，构成模式的教学环节与流程有别，但其核心的教育思想和教学目标非常趋同：培养学生的自主学习的能力和习惯，调动学生自主学习的积极性，发挥学生在学习过程中的主动性和主体作用，提高课堂教学和学习的效率，从而大面积提高教学质量。

山东杜郎口中学"三三六"教学模式[①]

杜郎口中学位于山东省聊城市茌平县杜郎口镇，1996 年时，该校以乱闻名，班子不思进取，教师人心涣散，学生厌学严重，家长怨声载道。

---

① 本部分主要参考以下几个文献综述而成：
熊明安，喻本伐．中国当代教育实验史［M］．济南：山东教育出版社，2005；
裴娣娜．现代教学论：第三卷［M］．北京：人民教育出版社，2005；
夏慧贤．当代中小学教学模式研究［M］．南宁：广西教育出版社，2001．

许多学生纷纷离乡转学，甚至本校教职工的子女都要到别的学校就读，该校面临即将被撤并的窘境。1997年始，在崔其升校长带领下，该校针对课堂教学进行了一系列改革，从而走出绝境。学校的改革首先从课堂改革开始，从学生自主学习代替教师讲授开始，围绕落实学生主体地位，实践并逐步形成了独具特色的"三三六"自主学习模式。

1. 模式内涵与基本流程

"三三六"模式，即课堂自主学习的三特点——立体式、大容量、快节奏，自主学习三大模块——预习、展示、反馈，课堂展示的六环节——预习交流、明确目标、分组合作、展现提升、穿插巩固、达标测评。

所谓立体式，就是教学目标、任务是新课程要求的三维立体式，将学习任务分配给每个同学、每个小组来完成，充分调动每个学生的主体性，发挥每个小组的集体智慧，展示模块就会有不同层次、不同角度的思考与交流；所谓大容量，就是以教材为基础，拓展、演绎、提升，通过各种课堂活动形式展现，如辩论、小品、课本剧、诗歌、快板、歌曲、绘画等等；所谓快节奏，就是在单位时间内，紧扣学习目标和任务，通过周密安排和师生互动、生生互动，达到预期的效果。

（1）预习：预习模块的主要任务是，让学生明确学习目标，生成本课的重点、难点，老师联系与课文相关的背景、场景、情感、过程与方法，先进行集体备课，然后指导学生自学，学生在学习中统一使用双色笔做预习笔记，通过自主学习、生生互动、师生互动等形式初步达成预设的目标，并对自己找出的重点、难点进行深入的探究，在此基础上不断产生新的学习目标。

（2）展示：展示环节既是预习成果的展现、交流，又是学习内容的进一步提升。展示课是生生、师生、组生、组组互动的过程，主角是学生，学生提出问题，学生讨论、阐述自己的观点和见解。学生先就自已的预习展开交流，接着确定目标，然后由教师分配学习任务。小组领到任务后，自主探究、交流合作，形成自己或小组最佳的解答方案。完成后，各小组展示提升，其他组的同学分享成果，或者在某小组展示时受到启发，又有更好的解答方法。

（3）反馈：反馈模块的主要任务是对学生的认知、体验、感受予以反思总结，对预设的学习目标进行回归性检测。

预习、展示、反馈三大模块贯穿在一起，就构成了杜郎口中学的自主学习模式的主体。

2．实施策略

一是改变学习组织形式，进行分组学习。改变了原来的秧田式的课堂组织形式，撤销了讲台，让黑板伴随学生左右，学生代替教师成了"主讲"，把过去教师"一言堂"变成了学生的"众议院"。二是"10+35"，保证学生的活动时间。课堂的绝大部分时间留给学生，老师仅用极少的时间进行"点拨"。他们把这种特色叫做"10+35"（教师讲解少于10分钟，学生活动大于35分钟），或者"0+45"（教师基本不讲），充分引导学生，营造以学生自学为主，以学生为主体的课堂。

3．实践成效

自改革后，取得了显著的成效，由原来全县倒数一二名上升到前三位，一跃而成茌平县初中教育教学的"东方明珠"，连年被评为"教书育人"先进单位。聊城市把杜郎口中学树为初中教学改革的样板校，被山东省教科院称为农村教学改革的先进典型。杜郎口中学的中考成绩从1997年的全县倒数第一，直至2005年夺得全县第一，实现了教改与升学率兼得，这是在目前教育环境下，"杜郎口中学教改经验"值得推广学习的最现实条件，也是能被学校、老师、家长、社会所接受的最现实条件。

江苏洋思中学"先学后教，当堂训练"教学模式

洋思中学的课堂教学改革始于 20 世纪 80 年代。当时，学校刚创办，设备简陋，生源差，教师多数是代理教师、民办教师。他们上课"满堂灌"，从上课一直讲到下课，学生从上课一直听到下课。教师常常一堂课讲不完一道例题，学生作业都压到课外做，结果抄袭严重，几乎一人对、全班对，学生作业本上找不到一道错题。严峻的现实使洋思人认识到，提高教学质量主要应靠课堂，课上做一道题，也比课外做千道题强。于是，学校领导就狠抓"当堂完成作业"，逼着老师少讲。校长蔡林森带领全体教师坚持不懈地抓当堂完成作业，形成制度，严格考核，奖优罚劣。"学生当堂完成作业"这一改革的具体目标虽然很简单，在实现这一目标的过程中却困难重重，但洋思人终究坚持了下来，迈出了课堂教学改革关键的第一步。

从"课堂作业当堂完成"到"明确课堂教学目标"，这是洋思中学课堂教学改革的第二步。他们上课坚持用"示标—导标—测标—补标"目标教学法。坚持不超大纲、不超教材，凡大纲教材中已删去的内容不教，练习册、复习资料一律不用，不增加教学内容，不加大教学难度。这一步改革，他们特别强调课堂"教学目标"必须素质化，特别强调"当堂训练"宜不少于 15 分钟，重视课前的预习、课后的作业和课外辅导，力争"堂堂清""天天清""周周清"。该模式要求学生完成训练任务必须按时，不得拖拉，要"堂堂清"。教师批改学生的练习作业和个别辅导也必须及时，做到"堂堂清""日日清"，以防学生问题的积累。

学习是学生自己的事，无论教师讲得多么好，不调动学生的积极性，不让他们自学，不培养自学能力，是无论如何也学不好的。为此，他们进行了第三步课堂教学改革。他们强调以人为本，以学为本，努力把教的过程转化为学习的过程。改变学生的学习方式，问题让学生自己去揭

示，知识让学生自己去探索，规律让学生自己去发现，学法让学生自己去归纳，效果让学生自己去评价，从而形成了"先学后教，当堂训练"课堂教学的基本结构模式。

1. 模式内涵与基本流程

洋思中学"先学后教，当堂训练"的课堂教学结构的教育理念是："实践出真知"，"尊重主体，面向全体"。教师的责任不在于教，而在于教学生学。先学后教，以教导学，以学促教。

（1）教学流程

先学：教师简明扼要地出示学习目标；提出自学要求，进行学前指导；提出思考题，规定自学内容；确定自学时间；完成自测题目。

后教：在自学的基础上，教师与学生、学生与学生之间展开互动式的学习。教师对学生解决不了的疑难问题，进行通俗有效的解释。

当堂训练：在"先学后教"之后，让学生通过一定时间和一定量的训练，应用所学过的知识解决实际问题，加深理解课堂所学的重、难点。

（2）基本应用程序

揭示课堂教学目标：让学生从总体上知道本节课的学习任务和要求。指导学生自学：让学生知道自学什么、怎么自学、用多长时间、应达到什么要求，揭示如何检测等。学生自学，教师巡视：学生看书、思考，教师巡视，通过察言观色，了解学生自学的情况，尤其要关注学生自学的态度，使每个学生都积极动脑，初步感受新知，挖掘每个学生学习的潜能。学生练习，教师检查学生自学效果：让后进生板演或回答问题，其他学生在座位上练习、讨论，然后进行全班交流，最大限度地暴露学生自学后存在的疑难问题。引导学生更正，指导学生运用：这一环节凡是学生能解决的问题，就让他们自己解决，真正找出哪些问题需要老师引导、点拨。通过学生讨论，教师点拨，学生进一步加深对所学知识的理解，最终形成运用所学知识去分析问题、解决问题的能力。当堂训练：完成课堂作业，检测每个学生是否都当堂达到课堂学习目标。

2. 实施策略

（1）每堂课规定，教师讲课时间最多不超过 10 分钟，一般在 7 分钟左右，有的课 4 分钟。保证学生每节课有 30 分钟连续自学时间。

（2）灵活运用"先学后教，当堂训练"的教学模式。不同年级，不同学科，不同内容，不同基础，适当调整。该少讲的不多讲，但必须保证学生足够的自学时间。

（3）学生自谋自学策略。教师给学生自学的锦囊妙计，为学生谋划自学策略，每个学生都有自己的自学方略，开始是自控的，逐渐地形成了习惯，养成良好的自学习惯是教学成功的主要因素之一。

（4）合作精神与合作能力是自学的力量源泉。"兵教兵"，精诚合作。在兵教兵中，后进生弄懂了教学内容的疑难，优生增强了对知识理解的能力，合作互相提高。

（5）采取教师集体精心备课。要注意备课中的每一个细节，教是根据学生的"学"来组织进行的。备课主要研究如何引导学生最有效地自学，自学可能遇到哪些疑难问题，如何引导学生自主解决这些问题。确定学生自学范围、自学内容、自学方式、自学时间、自学要求，这五点是统一的。

3. 实践成效

洋思中学是一所农村寄宿学校，学生水平与基础较差。然而凡是在洋思中学经过三年自学训练的学生，学业水平提高很快，平均每年 80% 学生升入省级重点高中，其中包括一部分中、差生。跟踪调查表明，升入高中的洋思学生，后劲很大，他们自学能力比别人强，自主能力比别人好，课间操认真，起睡正常，学习成绩呈正态分布。

江苏东庐中学"讲学稿"的教学合一模式

东庐中学地处偏远农村，办学条件比较弱。自 1999 年以来，该校在陈康金校长的带领下，大胆摒弃传统管理模式，尝试进行以"讲学稿"为载体的"教学合一"的教学改革，探索出一条教育观念新、教学方法活、学生负担轻、教学质量高的新路子。短短几年的时间，东庐中学就由一个名不见经传的农村普通初中一跃成为众人瞩目的名校，教育教学成绩突出，多次受到各级教育主管部门的表彰和嘉奖。

1．模式内涵与基本流程

东庐中学"讲学稿"由以下四个板块组成：学习目标、学习重难点、学法指导、学习过程。

（1）"学习目标"与"学习重难点"部分力图体现"知识与技能""过程与方法""情感、态度与价值观"的有机融合，注重研究教材、研究学生，遵循学生的认知规律，满足不同层次学生的学习需要。

（2）"学法指导"主要是对学生学习文本方法的明示，即指导学生采用有效、灵活、多样的方法去阅读文本，达成目标，提高学习的有效性。

（3）"学习过程"通常由三部分组成：课前预习·导学，课堂学习·研讨，拓展延伸·巩固。

课前预习·导学：主要是让学生自查字典、工具书或其他资料解决字词的音、形、义，了解作者及创作背景等，夯实双基；同时提出一两个问题引导学生读课文，感知内容及作者情感、态度等；另外，留出空白，鼓励学生注意语言知识的积累，写下自己预习过程中发现的问题，以便课堂教学中讨论解决。

课堂学习·研讨：根据文章内容和学生的具体情况，在整体感知、合作探究两个方面精心设计问题，让学生在课前预习的基础上，通过课堂组织教学来解决问题，以达成"讲学稿"上所设定的学习目标。

拓展延伸·巩固：针对课堂学习研讨的内容设计一些课内重要语段和与课文有较大联系的课外文章阅读，引导学生用课堂上的阅读方法自主地解决问题，提高学习能力。

2．操作要点

"讲学稿"的编写来自新的备课模式，这种备课模式可概括为：提前备课，轮流主备，集体研讨，优化学案，师生共用。

备课的过程是：让广大教师充分地占有资料，根据各个教师的特点对教学内容进行分工，每位教师轮流主备部分内容，其他教师协助查找资料，形成初稿。初稿形成后再由备课组全体教师讨论修改，然后由学校分管领导（把关教师）提出修改意见后修改定稿，形成包含年级、科目、执笔人、审核人、学习目标、重点难点、学习过程及探索提高等内容格式统一、师生共用的"讲学稿"。"讲学稿"在编写中遵循以下基本原则：主体性（确立学生是学习的主体）、导学性（具有指导学生学习的作用）、探究性（尽可能设计可供学生在研究中学习的内容）、层次性（关照不同层次学生的不同要求）、开放性（有可供师生完善的"留白处"）、创新性（有利于培养学生的创新意识）、民主性（师生可共同参与）、实践性（让学生在做中学）。

对"讲学稿"的具体要求是：有明确的学习目标；注意帮助学生梳理知识结构体系；提供适当的学习方法和学习策略的指导；提供检测学习效果的适当材料；注意"讲学稿"与一般教案和讲义的区别，不能将"讲学稿"写成类似学习辅导用书的模式；不同学科、不同课型的"讲学稿"都有各自不同的特色。

"讲学稿"编印完成，教师将"讲学稿"提前发给学生，学生预习后交给老师，教师批阅后课前再发给学生，然后师生共用这一文稿实施课堂教学。课堂上，学生能做的教师不讲。教师主要讲重点、难点、迷惑点、易混点，然后进行适量的练习，教师引导全体学生边练习边订正错误，放手让学生思考、讨论、提高。课后，教师要在"讲学稿"上填写"课后记"，针对课堂教学情况形成"错题集"，用作下次集中备课交流时的补充；学生填写"学后记"，记录复习时应注意的问题。

教师对每份"讲学稿"做到有发必收，有收必改，有改必评。这样可以有效地增强学生的预习效果，使学生的学习更具有针对性。课堂上，学生带着预习中的问题走近教师，变从教师出发的题海训练为学生自主的先思考后练习。测试时教师从"讲学稿"上选择题目，引导学生利用"讲学稿集"这一优质资料进行复习。

3．实践效应

"讲学稿"要求提前备课，集体讨论，轮流执笔，并由骨干教师把关审核。这样充分发挥了集体的优势和学科带头人的作用，也能够使新教师在短时间内成长、成熟（他们对新教师的要求是一年成才）；"讲学稿"的实行，减轻了学生的负担，学生可以不补课，不订资料，课后基本没有作业；"讲学稿"的实行，为学校、学生、家长三者之间的沟通提供了载体；"讲学稿"的实行，增大了课堂教学的容量，是"先学后教，当堂训练"洋思教学模式的具体化；"讲学稿"的实行，促进了师生互动探究，充分调动了每个学生学习的积极性，促进了教学的全面提高；"讲学稿"的实行，使学生养成了良好的学习习惯。

山东昌乐二中"271高效课堂"教学模式

山东昌乐二中针对传统课堂教学的弊端，从培养学生综合素质的高度出发，总结出了以课堂教学为核心，以"目标性、针对性、高性能"为特点，以"促进教师工作转变，变备教材、备教法为备学生、备学法，使学生动起来、课堂活起来、教学效果好起来、师生负担减下来"为目的，包含"预习、互动、测评"三大模块的"课堂教学271法则"，形成了昌乐二中教学的最大特色。

1．模式内涵

（1）时间分配及内容安排：20%（约10分钟）——教师指导、点拨、答疑；70%（约30分钟）——学生自学、讨论、展示；10%（约5分钟）——学生自结、巩固、检测。

（2）学生组成方面：20%的学生——优秀学生；70%的学生——中档学生；10%的学生——后进学生。

（3）学习内容方面：20%的知识——自学能会；70%的知识——合作学会；10%的知识——老师教会。

2．"271高效课堂"模式流程

课前准备：鼓励学生通览学案，初步感知本节课学习内容。

目标解析：教师简要解读本节课的学习目标，并联系高考简单解析其地位，增强课堂针对性。

回顾训练：学生自主总结上节课的内容，通过有针对性的题目对重点内容进行训练。

自主学习：以学案为中心，结合课本等相关材料，自主学习，强化记忆。

有效讨论：讨论前由教师规定讨论的时间和要求，由小组长控制好讨论的进程；先小组内分层一对一进行讨论，并做好记录；在此基础上扩大至小组讨论，其中A层重点帮助解决B层问题，C层旁听学习或先整理C层讨论的成果；然后B层帮助C层解决，A层进行自主拓展；问题经小组讨论未能解决的要以书面的形式反馈至老师手中。

合作探究（分组展示）：总体原则是B层展示，A层点拨，C层提升。

点拨评价：老师围绕既定学习目标或生成学习目标对本节内容进行

系统的概括和总结，从整体的角度分析重点，剖析难点，总结出解决问题的方法和规律。

检测落实：老师以课堂检测题等形式检查学生对学习任务的落实情况，通过有针对性的练习，巩固所学，拓展知识，形成应用能力。及时批阅作业，及时反馈，并做好个别学生的面批和谈话，强化落实。

3．"271 高效课堂"模式操作要求

（1）总体要求

教师要转变观念，转换教育角色，做学生学习的引领者、组织者、参与者和欣赏者，充分信任学生，放手让学生自己学习、思考、质疑、合作、讨论、提高；抓好学习小组建设；编好用好导学案、训练学案；认真备课，按"271"课堂的五个环节，精心设计，确保课堂大容量、快节奏，围绕学习目标，加大课堂信息量、思维量、训练量；每一个目标下的学习内容，老师都要对时间、方法、过程、结果有明确、具体、严格的要求，每堂课的容量和强度都要达到学生能够承受的最大限度；每节课都要板书学习目标——包括学习内容、理解掌握、灵活运用等，设计科学、时间分配合理，切忌模棱两可。板书要认真、工整、醒目，写在黑板右上角，不能擦掉。学习目标要贯穿课堂，每个步骤都要围绕目标进行；强化落实、注重整理，当堂内容要当堂落实，每节课都要清出底子。每节课后要跟上巩固性练习，不怕重复，把知识和能力落实到学生身上。

（2）课堂步骤及具体要求

预习自学、探究问题；完成学案，训练应用；分组合作，讨论解疑（以上三个环节约占课堂 30 分钟时间，即"271"中的"7"）；展示点评、总结升华（该环节约占 10 分钟，即"271"中的"2"）；清理过关，当堂检测，分层次布置适量的自习作业（该环节约占 5 分钟，即"271"

中的"1")。

山东兖州一中"循环大课堂教学模式"

2004年4月，学校适应素质教育的要求和激烈的教育竞争形势，积极探索教育规律，突破老校传统桎梏，走现代教育之路，通过课堂教学改革，深化"三步六段"教学法，聚焦课堂，达标课堂，构建"35＋10"课堂循环教学模式，形成特色课堂，建设高效益课堂。

1. 模式内涵及其基本流程

（1）教育理念

"三个解放"即"解放学生，解放老师，解放学校"的学校内涵发展观；"培养与自身、与社会、与自然和谐相处的人"的教育理念；"把教学相长拓展到整个课堂，让差异资源衍生出万千"的高校课堂理念。

（2）"三步六段"教学法

三步即课前、课中、课后；六段为重申目标、学情调查、问题汇总、精讲点拨、课堂检测、小结作业。

课前教师工作：在集体备课基础上形成具有本班特色的导学案；设计出课堂教学的互动方案。课前学生工作：通过预习解决A、B两级问题，对C级、D级问题形成初步想法，以便带入课堂。（A是指识记级内容，B是指理解级内容，C是指应用级内容，D是指拓展级内容。）

课中按六段教学模式实施生生互动或师生互动，让每个人都成为交流者。

课后教师工作：备好课，设计出学生"未清"问题的解决方案。课后学生任务：完成作业，并向学习委员反馈"未清"问题，未清问题列入下节课教学内容。

基本原则：预为先导、学为主体、全员参与、师生互动、易讲难引、少讲多练、展示为主、当堂消化、减少作业、前后衔接。教师精讲时间不得超过 10 分钟，凡是学生能讲的教师不代替。

（3）"35+10" 课堂模式

"35+10" 的解释：35+10 是将课堂时间 45 分钟分为两段，前段 35 分钟，后段 10 分钟。前 35 分钟解决在此之前学生已预习的导学案，按"六段"式处理，完成本课教学全部内容，包括小结作业。处理完，进入后 10 分钟，发下一课的导学案并让学生预习，确保预习效果和前后衔接。

"35+10" 教学模式的特点：按课堂时间来说，是将下一课教学内容的预习任务放在了本课堂的最后；对一堂课的教学内容来说，是将学生学习的重心前移。其目的，一是强制学生预习，规范学生预习，从而达到课前预习效果和要求；二是利用课后的一些课余时间思考预习时发现的问题。对课堂内容来说，老模式是先以老师为主（讲授），后以学生为主（作业），本模式是先以学生为主（预习），后由老师参与（点拨）。

实现"35+10"教学模式的意义：本模式给学生规定了预习时间，给学生提供了自主学习的条件和机会，唤起学生的主体意识，发挥学生的主观能动性，有利于培养学生的自学能力和独立思考习惯，能激发学生的学习兴趣和求知欲。学生能够真正集中精力去思考、去探究，带着问题进入课堂，有备而学，有方向、有目的、有兴趣、有成就感，完全参与其中。把以学生为本的理念具体化，可操作性强。这不仅有利于学生的学习，也有利于学生良好品质的形成，同时，也有利于教师真正树立起以学生为本的新理念。

（4）课堂模式的灵魂：一个转变，两个前置，三种方法，四个形态一个转变是师生角色的转变，教师从一个传统的"讲者"变为"教者"，从一个"教者"变为"学者"，即做和学生一起上学的人。两个前置——问题前置和学习前置；学习是目的、问题是手段，这是课堂循环的关键。

三种方法：自主、合作、探究。四个形态：一是展示交流（驱动师生的内驱力）；二是纠错并落实（学生的考试要求精确再现）；三是通过点拨实现提升；四是通过开放实现拓展，老师要有开放的心态，不害怕犯错误。

2．**实践效应**

该模式很好地解决了"课上和课下"两个高效益问题。"展示"和"预习"虽然是截然不同的两段，展示的是上节课的内容，预习的是下节课的内容，但是无论是展示，还是预习，其彰显的内涵都是"自主"与"合作"。若能坚持下去，则学生的自主学习素养与学习能力必然有很大的提升，特别是学生的自主学习能力与团队意识和创新能力都将得到有效的培养；教师对教学目标的理解能力、对教学内容的驾驭能力、对课堂生成的捕捉与处理能力、对教学问题的反思能力必然有很大提高。教师的学习与教学、教研必将相互促进，相得益彰，教师的专业成长步伐一定会大大加快。

四、区域推动课堂教学改革的措施与经验[①]

近年来，各地在教学改革方面出台了一系列政策举措，有力地推进了区域性教学改革，取得了明显成效。概括起来，呈现以下特点：

第一，有明确的指导思想。各地在推动课堂教学改革的过程中，首先明确指导思想，强调要遵循教育教学规律，通过强化教育教学管理进一步规范教学行为。要改革课堂教学结构，优化课堂教学模式，面向全体学生，促进学生全面发展，减轻学生过重的课业负担，提高课堂教学

---

① 主要根据近年来武汉、北京、广州等地在推进课堂教学改革时所颁布的相关政策文件和主要做法概括而成。

有效性，增强课程改革实施能力，推动教师专业成长，推动教育教学质量的全面提升，促进素质教育的全面实施。

第二，有具体的目标任务。各地在推动课堂教学改革的过程中，大多提出了具体的目标任务，诸如更新教育教学理念，转变教师的教学方式和学生的学习方式，构建师生平等交流、多维互动、具有生命发展意义的课堂教学模式，全面提高课堂教学效益等，为课堂教学改革明确了方向。具体包括以下内容：

一是更新课堂教学理念。更新教育教学理念，按教育规律办事，促进教师对先进教育思想和教学理念的吸收和内化，在实践中运用、体验、升华，形成科学的师生观、教学观、课堂效益观和育人质量观，树立符合课改精神、切合教学实际的校本化、个性化的课堂教学理念。

二是创新课堂教学模式。以有效教学为目标，以高效课堂为价值追求，以充分体现学生主体性为着眼点，以自主学习、合作学习、探究学习为主要方式，积极探索构建校本化、个性化、多元化的课堂教学模式体系。

三是建设先进教学文化。创建课堂教学特色，丰富课堂教学文化，打造课堂教学名师，提升学科课程实施的品位，形成具有地方特色的课堂教学改革先进经验和理论成果。

第三，有切实可行的推进策略。一是深入开展理论学习，强化现代教育教学理念。理论是实践的先导。理论学习的滞后严重制约课堂教学改革的推进，进一步加强现代教育教学理论的学习是深化课堂教学改革的重要保障。要依托教师培训机构，重点发挥好校本培训的作用，创新培训方式，认真组织学科教师学习教育理论，研讨课堂教学改革案例，各类教师考试都要突出现代教育理论的考查，促进教师深刻领会课程改革精神，牢固树立现代课堂教学理念。二是加强教学基本能力建设，提高教师专业素养。教师是课堂教学改革的执行者。教师的专业素养决定了课堂教学水平，加强教学基本能力建设是推进课堂教学改革的基础。建立健全教师基本能力建设机制，开展教师普通话、"三笔字""四课"（备课、说课、作课、评课）现代教学技术运用、教学研究等基本能力的过关和提升活动。各地在教师招聘中要强化对教师基本能力的考察，对新聘教师要有完整的教学基本能力培训计划。定期开展多种方式的教学基本能力竞赛活动，促进教师专业素养的不断提高。三是实施学科基地建设，培育课堂教学改革典范。典型示范是推进课堂教学改革的有效途径。课堂教学具有鲜明的学科特征，课堂教学改革必须依托基础条件较好的学校分学科突破。制定统一标准，选定学科基地试点校，开展学科基地创建活动，总结推广试点经验，发挥学科基地的示范作用。依托学科基地建设培养一批课堂教学改革名师，发挥学科带头人的引领作用。四是加强教育教学研究，增强课堂教学改革实效。教学研究是课堂教学改革的催化剂。要加大教育科研力度，深化课堂教学改革。要进一步完善联合教研，集体备课，扎实推进以校为本的教科研活动；要着眼解决课堂教学改革的具体问题，大力推进以微型课题研究为主要形式的课堂教学研究；教育科研要在课题立项、成果评选等方面确保课堂教学改革的内容占有足够的比例。建立微型课题评价、表彰、推广机制，对校本研究的先进学校和突出成果进行专项表彰。五是改进课堂教学评价，建立学科课堂教学标准。课堂教学评价对课堂教学改革具有突出的导向作用。要加强和深化对课堂教学评价的研究，围绕教学内容和教学目标的适切性、学习组织过程的科学性、教学形式的多样性与合理性、教学过程的有效性，关注学生课堂上的情绪状态、交往状态、思维状态和目标达成状态，建立健全学科完备、课类齐全的课堂教学评价体系，增强课堂教学评价的客观性和科学性，强化课堂教学评价的指导功能。六是鼓励探索创新，构建课堂教学模式。构建课堂教学模式是推进课堂教学改革的切入点。构建课堂教学模式有利于规范基本教学行为，体现基本的教育思想和教学理念。要在学习借鉴外地外校先进经验的基础上，积极建构符合本校特色的有效课堂模式。要立足校情、教情、学情，统筹考虑，高度概括，既有普遍性、原则性的框架，又能兼顾不同学段、学科和不同课型。要防止课堂教学模式的教条化倾向，要保护教师的创造性，鼓励教师在实现基本教学要求的基础上追求教学风格的个性化。课堂教学模式要严格按照"实践探索—提炼总结—专业评估—验证实验—完善推广"的程序进行确认和推广，确保课堂教学模式的科学性和实效性。要及时发现、总结和推广具有普遍适用性的课堂教学模式，对创建高效课堂教学模式的单位和个人进行表彰奖励。七是提高教育装备水平，普及现代教育技术。教育手段的现代化是教育现代化的重要标志，现代教育技术和教育信息化是提高课堂教学有效性的重要保证。要切实提高现代教育技术装备水平，推进学科课程与信息技术的整合，提高教师现代技术运用水平，促进现代教学技术和传统教学手段的有机结合。通过开展创建现代教育技术合格学校、示范学校，以及现代教育技术技能竞赛等多种活动，进一步推动现代教育技术的普及。八是搭建资源交流平台，促进课改合作共享。合作是重要的新课程理念，也是推进课堂教学改革的重要方式。要通过区域协作、校际交流、联合教研、教改论坛、网络互动等方式，搭建课堂教学改革合作交流平台，开展专家指导、现场观摩、经验交流、结对帮扶、送课示范等活动，实现课堂教学改革资源共享。

第四，建立可靠的保障机制。一是建立健全课堂教学改革管理机制。教育行政主管部门要成立课堂教学改革领导小组，由分管领导任组长，下设办公室，办公室设在同级教研机构。领导小组定期督查各校课改工作的推进情况，定期组织安排学习先进地区经验，聘请专家讲学，提供理论引领，搞好教学诊断。教研部门要加大学校课堂教学改革研究指导的力度，制定详细的实施方案，把握研究动态，发现典型，及时推广，做好基层学校课改的支持服务工作。各中小学要成立相应的指导小组和研究小组，制定详细的落实措施，采取有效措施，确保课堂教学改革推进工作落到实处。二是建立健全课堂教学改革投入机制。结合有关专项工程的实施，保障学校现代教学设施设备经费投入；落实教师培训经费保障政策；多途径筹措课堂教学改革研究专项经费。三是建立健全课堂教学改革推进机制。课堂教学改革要坚持"立足实际、循序渐进、持之以恒、讲求实效"的原则，建立"典型示范、分类指导、分步实施、全面推进"的推进机制，扎实有序地开展课堂教学改革。要完善课堂教学改革"反思、提炼、总结、反馈、交流、推广"等工作制度，及时发布市、县、校三级活动开展情况，促进课堂教学改革顺利推进。四是建立健全课堂教学改革评价机制。学校要建立完善量质结合、过程与结果并重的课堂教学评价和课堂教学改革评价考核办法，把课堂教学改革的推进和效果作为教师教学工作考核的重要指标。教育行政主管部门要建立完善课堂教学改革督导检查及课堂教学改革优秀成果、先进集体和先进个人的表彰和奖励制度，保障课堂教学改革不断深入。

五、近年来国际课堂教学改革发展趋势、主要模式及启示①

随着 21 世纪知识经济时代的到来，经济全球化趋势日益加剧，科

---

① 参见：王坤庆. 20 世纪西方教育学科的发展与反思 [M]. 上海：上海教育出版社，2000；高文等. 教学设计理论与模型的国际前沿研究译丛 [M]. 北京：教育科学出版社，2005；陶志琼等. 透视课堂 [M]. 北京：中国轻工业出版社，2002.

学技术日新月异，教育所面临的培养人才的挑战和承载的时代使命也愈来愈多，教育教学质量问题也越来越得到世界各国的广泛关注。因此，教育教学的改革对人类社会的发展前途和命运起着至关重要的作用。全面了解 20 世纪末、21 世纪初国际教育教学理论与实践改革的发展趋势，特别是了解近年来课堂教学改革的主要模式，对我们从中吸取和学习好的思想和经验，对中国课堂教学改革的深化发展将不无裨益。

（一）近年来国际课堂教学改革的主要发展趋势

课堂教学的变革是提升教学质量、促进学生发展的关键。世界各国对课堂教学理论和实践的探索也从未间断。来自课堂的变化也更加凸显：从聚焦教师教的课堂，转型为学生学的课堂；以教师为中心的教学模式，逐渐被以对话为中心的教学模式所替代；从教学手段的单一到信息技术的整合多元，从教学环境的封闭到学习资源、学习环境的丰富与开放。世界的课堂正在发生变革，呈现出前所未有的发展态势。

1. 以人为本，以帮助每个学生发掘自身最大潜能为教育教学目标。受兴盛的人本主义教育思想的影响，国际上已经普遍认识到学生作为一个具有完整精神世界的人，其发展具有很大的可能性，明确提出教育教学必须促使完美人性的形成和人的潜能的实现；主张教育目标应该是培养整体的、能实现自我价值和具有创造力的人；要特别关注学生潜在能力的发掘，充分发挥学生的个性特长和自我价值。为此课堂教学的基本目的是，使学生在教师的帮助下激发自己高层次的学习动机，充分发展自己的潜能和积极向上的自我概念、价值观和态度体系，从而使学习者能够自己教育自己，最终把他们培养成为人格充分发挥作用的人。

2. 变革教的方法和学的方式，注重学生智力和能力的发展，尤其是合作能力、自主学习能力和创新能力的发展。各国的教学研究都强调要重视在教学活动中学生智力和能力的发展，以使其能够适应时代日新月异的变化和学习化社会对知识的需求，能够发现和解决在生活、学习中将要遇到的新问题。为此，教学上至关重要的是摒弃学生被动地接受教师的灌输的方式，帮助学生获得知识、信息和个人成长经验，促进学生学会学习。主张采用探究—发现式方法，引导学生像科学家那样探求知识，试图让学生掌握基本知识，形成与当代科学发展相适应的知识结构和能力。

3. 尊重学生主体地位，激发学生的学习兴趣和主观能动性。西方教学研究注重对受教育者心理现象、认知规律的研究，了解学生的言行，通过创设适宜的教学情境，吸引学生参与教学过程，激发学生对学科学习产生浓厚兴趣，鼓励学生依靠自己的主观能动性去发现和领悟所学知识，发挥其创造性。教师的作用主要体现在形成理想的课堂教学气氛，在教学过程中应随时随地密切观察学生以及他们的学习情况，能够敏锐地提问学生，认真聆听学生的发言，提供学生可以选择的学习资源，成为学生产生学习动机的促进者。

4. 越来越强调教师是学习的倡导者、促进者，应和学生建立民主、平等、和谐的关系。国际教育界普遍认为，教师的作用发生了根本改变，已经不再是一部百科全书或一个供学生利用的资料库。一个有创造性的教师应能帮助学生对付信息时代的大量信息，他更多地是一名向导和顾问，知识的引导者，而不是机械传递知识的简单工具。民主、平等、合作的关系取代了指令性和专断性的师生关系。强调师生之间在教学过程中应发展一种对称的交往模式，与学生建立平等的合作关系。

5. 现代信息技术的广泛应用深刻地改变了传统的课堂教学观念和模式。计算机、互联网、多媒体、超媒体等现代信息技术的出现，带来的不仅是技术的创新，更是对传统的学习与教学方式的挑战，通过技术的支撑在理论与实践两个层面上创造了适合知识时代的新的学习方式以及相应的全新的教育、教学、培训形式，展示了其在课堂教学面貌和教学效率提升上的巨大威力。一方面，信息技术的运用使个别化教学得以实现。信息技术可以直接跟踪和支撑问题解决技能、把学生解决难题的行动过程可视化、建模和模拟复杂推理任务等。技术也可以通过记录学习者在学习过程中反映的关键特征，分析正确推理和不正确推理的模式，以及他们参与讨论和小组项目的表征、给学生和教师提供迅速的信息反馈等办法，来支持个别化教学。另一方面，信息技术拓展了学习载体和学习资源，增加了知识的获取渠道，促进了学习手段的多元化，建构了有效学习的支持环境。学校完全改变了单纯依靠教材、黑板的传统做法，师生共同进行探讨，并随时使用电脑辅助教学。教师可以从中获取与教学有关的各种辅导材料，设计教学方案；学生可以获取与教材内容有关的资料和其他信息，并根据自己的兴趣爱好去拓宽知识面。由于许多新技术都具有交互性，因而课堂教学可以更容易地创建教学环境，在这种环境中学生能够通过实践来学习、获得反馈、不断加深理解以及建构新知识。

（二）近年来国际主要课堂教学模式

近年来世界各国在教学理论研究上卓有成效，在这些先进理论指导下，经过长期的、多样化的教学实践，形成了相对稳定的、丰富多样的、各具特色的教学模式。

1. 基于建构主义理论而产生的典型教学模式

建构主义（constructivism）也译作结构主义，它是学习理论从行为主义演进到认知主义以后的进一步发展，其最早提出者可追溯至瑞士的皮亚杰（J. Piaget）。在皮亚杰研究成果的基础上，维果斯基、科尔伯格和斯腾伯格等人基于不同角度经过长期的理论探索与实践，使建构主义理论得到进一步的丰富和完善。

建构主义认为，学习者的学习过程是一个积极建构的过程，这一过程要求他们把新信息和现有的旧知识网络联系起来。学生通过积极建构学习新知识，这是建构主义的核心思想。建构主义教学观认为，教学不是简单地把知识经验装到学生的脑中，而是要通过激发和挑战其原有知识经验，提供有效的引导、支持和环境，帮助学生在原有知识经验的基础上建构起新的知识经验。在教学过程中，教师的作用在于激发、引导学生主体性的发挥，从而引起和促进学生的能动活动；学生在学习过程中是信息加工的主体，更是知识建构的主动者。

建构主义教学理论彻底颠覆了被动的传统教学理论，为课堂教学改革开拓了新视野。基于建构主义理论而衍生出多种教学模式和方法，其中比较成熟和较为经典的教学模式有支架式教学、抛锚式教学、随机进入教学等。这些教学模式集中反映了以学生为中心的主导原则，体现了学生如何在教师创设的情境中充分发挥自身的主动性、积极性和首创精神，真正成为学习的主人，主动建构知识，而教师则在整个教学过程中发挥组织者、指导者和促进者的作用。

（1）支架式教学（Scaffolding Instruction）。支架式教学为学习者建构对知识的理解提供一种概念框架。这种框架中的概念是为发展学习者对问题的进一步理解所需要的，为此，事先要把复杂的教学任务加以分解，便于学习者更深入的理解。在这里，支架被形象地用来表述一种教学形式：教师通过"教"来搭建一个必要的脚手架，支持学生不断地建构自己，不断地掌握、内化所学的知识；学生通过教师的积极"辅助"，将教学任务逐渐转移给自己，不断掌握从事更复杂认知活动的技能。建构主义以维果斯基的最近发展区理论为依据，借用建筑行业中使用的脚手架作为概念框架的形象化比喻，其实质是利用概念框架作为教学过程中的脚手架。建构主义者强调，支架教学中的"支架"只有根据学生的最近发展区来建立，并通过支架作用，才能不停地将学生的潜力从一个水平引导到另一个更高的水平。

支架式教学由五个环节组成：搭脚手架——这是教学的开始环节。教师依据学生原有的知识经验，围绕当前的教学主题，设置一定的问题情境，并按最近发展区的要求给学生提供能够获取知识的工具。进入情境——先由教师为学生提供明确的教学目标，然后通过教师的演示、启发、引导或揭示解决问题的原型等方式，逐步吸引学生进入一定的问题情境，并着手让学生自行去探索解决问题的方案。独立探索——教师帮助学生沿概念框架逐步攀升，让学生自己独立寻找解决问题的方法与策略。探索内容包括：确定与给定概念有关的各种属性，并将各种属性按其重要性大小顺序排列。协作教学——在整个教学过程中，建构主义高度重视小组协商、讨论的重要性，认为在共同组建的学习小群体中，学习成员共同面对教学问题，批判地考察各种理论、观点、信仰和假说，进行协商和辩论，能使原来多种意见相互矛盾、态度纷呈的复杂局面逐渐变得明朗、一致起来，最终完成对所学知识的意义建构。效果评价——这是一个完整教学的阶段性总结环节，主要由教师对个人自身的教学活动进行客观的自我评价，另外也要完成学习小组对学习者个人的学习评价。评价内容包括：自主教学能力，对小组协作教学所作出的贡献，是否完成对所学知识的意义建构。

（2）**抛锚式教学**（Anchored Instruction）。抛锚式教学要求建立在有感染力的真实事件或真实问题的基础上。确定这类真实事件或问题被形象地比喻为"抛锚"，因为一旦这类事件或问题被确定了，整个教学内容和教学进程也就被确定了（就像轮船被锚固定一样）。抛锚式教学是由美国范德堡大学的约翰·布兰斯福德教授所领导的认知和技术项目组（Cognition&Technology Groupat Vanderbilt，CTGV）开发的一种学习和教学策略。

理论基础：建构主义认为，学习者要想完成对所学知识的意义建构，即达到对该知识所反映事物的性质、规律以及该事物与其他事物之间联系的深刻理解，最好的办法是让学习者到现实世界的真实环境中去感受、去体验（即通过获取直接经验来学习），而不是仅仅聆听别人（例如教师）关于这种经验的介绍和讲解。由于抛锚式教学要以真实事例或问题为基础（作"锚"），所以有时也被称为"实例式教学"或"基于问题的教学"或"情境性教学"。

基本程序：创设情境——使学习能在和现实情况基本一致或相类似的情境中发生；确定问题——在上述情境下，选择出与当前学习主题密切相关的真实性事件或问题作为学习的中心内容（选出的事件或问题就是"锚"，这一环节的作用就是"抛锚"）；自主学习——不是由教师直接告诉学生应当如何去解决面临的问题，而是由教师向学生提供解决该问题的有关线索，并特别注意发展学生的"自主学习"能力；协作学习——讨论、交流，通过不同观点的交锋，补充、修正、加深每个学生对当前问题的理解；效果评价——由于抛锚式教学的学习过程就是解决问题的过程，由该过程可以直接反映出学生的学习效果，因此对这种教学效果的评价不需要进行独立于教学过程的专门测验，只需在学习过程中随时观察并记录学生的表现即可。

教学原则：情境设置与产生问题一致，问题难易适中，要具有一定的真实性，在教学中要充分发挥学生的主体性。

辅助系统：巧设情境，合作学习。

教学效果：能培养学生的创新能力、解决问题能力、独立思考能力、合作能力等。

实施建议：创设情境适时抛出问题，注意情境感染与熏陶作用。

（3）随机进入教学（Random Access Instruction）。随机进入教学的基本思想源自建构主义学习理论的一个新分支——"弹性认知理论"（cognitive flexibility theory）。这种理论的宗旨是要提高学习者的理解能力和他们的知识迁移能力（即灵活运用所学知识的能力）。为了全面了解和掌握事物内在性质和事物之间的相互联系，即真正达到对所学知识的全面而深刻的意义建构，学习者可以随意通过不同途径、不同方式进入同一教学内容的学习，从而获得对同一事物或同一问题的多方面的认识与理解，这就是"随机进入教学"。显然，学习者通过多次"进入"同一教学内容将能达到对该知识内容比较全面而深入的掌握。这种多次进入，绝不是像传统教学中那样，只是为巩固一般的知识、技能而实施的简单重复。这里的每次进入都有不同的学习目的，都有不同的问题侧重点。因此，多次进入的结果，绝不仅仅是对同一知识内容的简单重复和巩固，而是使学习者获得对事物全貌的理解与认识上的飞跃。

不难看出，随机进入教学对同一教学内容，在不同时间、不同情境下，为不同的目的、用不同方式加以呈现的要求，正是针对发展和促进学习者的理解能力和知识迁移能力而提出的，也就是根据弹性认知理论的要求而提出的。

2. 交互式教学模式

交互式教学（Reciprocal Teaching）模式是以支架式教学（Scaffolding）思想为基础，以师生对话为背景构建的互动教学方式。它是在美国教育心理学家布朗和帕林萨提出的交互式阅读教学模式基础上发展而来的，在帮助学生有效地学习新概念过程中起着重要作用。交互式教学的目的是构建一个互相尊重、信任和平等的学习氛围，通过对话和倾听实现师生之间和学生之间的双向沟通，在合作学习中加深对新概念的理解。

交互式教学过程一般分为两个阶段：师生交互阶段和学生交互阶段。在师生交互阶段，教师是教学的主导。教师通过精心设计的课堂提问，吸引所有学生参与对话，对范例进行分析、归纳，形成概念。教师在提问中具体示范各种理解策略的使用，并随着教学的进展逐渐进入学生交互阶段。在这一阶段，教师更多地引导学生使用这些策略，在与同伴的交互活动中，加深对新知识的理解。这种将课堂中主动权由教师向学生的动态转移的教学活动，正是支架式教学思想的具体体现。

在交互式教学中，课堂提问的互动效果在很大程度上取决于教师设计的问题是否适应不同学生在认知能力上的差异，以及教学目标多元化的要求。教师设计的课堂提问既包括对新概念进行辨识和描述的低层次问题，也包括通过比较、应用、综合、评价等方法对信息进行加工的高层次问题；既有聚合性问题，也有发散性问题。这些提问不但满足了学生在认知能力上不同层次的需求，激发了师生间的互动，而且帮助学生跳出已经形成的固定思维模式，从多种角度来思考问题，从而培养他们的观察力和洞察力。教师提问的另一个重要作用是为学生设计提问做示范。

在学生交互阶段，学习伙伴模仿教师的提问策略，设计多层次、高水平问题，相互提问和回答。学生们在运用多种思维策略设计问答中，学会了在非常相似的事物中敏锐地发现其细微的不同，依靠抽象思维来创造新颖、独特的概念，培养创新思维能力。在这个阶段，教师主要起引导作用，学习活动开展主要由学生们集体完成，能够凸显学生的主体地位，有利于培养学生自主学习能力。

3. 合作学习模式

合作学习模式（Cooperiative Learning Models）。将学生合作学习作

为一种教学手段和教学策略，引入社会心理学的合作原理，在课堂上创设一个互教互学的学习环境，通过人际交往促进认知发展。

合作活动将教学变成了一种教师与学生、学生与学生之间的多向型互动，这种互动能够有效调动所有参与者的积极投入，充分发挥每个人的聪明才智，激发高度的求异思维。学生们在这种多边互动与协作的群体活动中，在交流信息、探讨问题、分享成果的过程中，增强了相互之间的沟通能力和包容能力，培养了团体合作精神，同时提高了学业成绩，增长了知识、发展了能力。

理论支撑：认识主体说、团体动力学说、动机激发理论、建构主义的学习观。

合作式学习的五大要素：个体积极的相互依靠，个体有直接的交流，个体必须都掌握给小组的材料，个体具备协作技巧，群体策略。

基本步骤：①明确任务。运用小组合作学习形式，教师在布置学习任务时要具体、明确、有针对性。既有针对个人的任务，又有针对小组集体的任务，这样就保证了学生既对自己的学习任务负责，又相互依赖，关心小组其他成员的学习。②充分交流。小组合作学习的支撑理论之一是团体动力学说。该学说认为，同辈团体是影响课堂教学效率的一种重要现实因素。合作学习的代表人物 D. W. Jhnson 在经过大量的观察和实验后指出：实际上，教师的一切课堂行为，都是发生在学生—同伴群体关系的环境之中的。在课堂上，学生之间的关系比任何其他因素对学生学习的成绩、社会化和发展的影响都更有力。③展示成果。这个过程也是小组成为一个"利益共同体"的过程，它不仅展示了小组个人和集体的学习成果，也对小组个人和集体的学习成果进行了评价。这种评价方式实际上是利用每个人对自尊的需要，对求得他人欣赏和认同的需要，是表现欲望得到满足的需要。④及时反馈，其实是要求学习者回顾自己的学习内容，反思自己的学习过程，形成自己的观点和批判性思维。问题是开放性的，不存在唯一答案，学习者可充分发表意见，接受合理的解释，重要的是讨论和倾听的过程，而不是结果。

4. 探究—发现教学模式

探究—发现教学模式是培养学生探索知识、发现知识为主要目标的一种教学模式。这种模式最根本之处在于让学生像科学家做研究一样来体验知识产生的过程。这种模式在中小学科学课堂教学中广泛运用，对培养学生的科学思维和科学探究能力起到了重要作用。

探究—发现教学模式为林格伦、布鲁纳、施瓦布等人所积极倡导，经过许多心理学家的研究和教学实践而形成。

美国教育心理学家布鲁纳率先提出运用"发现法"进行探究性的教学，其一般步骤为：提出问题—提出假设—相互协作，提出论据—争论和证明，得出共同结论。

美国芝加哥大学教授施瓦布在《作为探究的科学教育》中提出了"探究式学习"，他提出了"生物科学探究摸式"。其一般步骤是"确定研究对象和方法重点—学生建构问题—推测问题结症—解决问题"，注重模拟生物科学家的探究过程，积极引导学生树立正确的科学理念，掌握科学方法，尤其是实验方法。

萨奇曼（Richard Suchman）认为科学家用来解决问题、探索未知的理智策略可以传授给学生，其探究模式便建立于这一前提之上。他提出了"探究训练式"，遵循着"问题—假设—验证—结论"这样的一种程序，注重实践，通过课堂师生讨论、对话的形式进行探究方法和思维方式的训练，通过发现和提问传授问题解决策略。

总体来讲，探究—发现教学模式有多种多样的设计，最基本的步骤是：学生对困难或问题的发现；引寻学生分析问题的性质；启发学生提出假设（或解决问题的方法）；指导学生讨论、探索；作出结论。

5. 基于信息技术的网络教学模式

2011年起风靡于美国各地的"翻转课堂"教学模式，颠覆了传统意义上的课堂教学模式，使我们看到了课堂教学改革的新希望，开辟了网络运用于课堂教学的广阔前景。

所谓翻转课堂，就是教师创建视频，学生在家中或课外观看视频中教师的讲解，回到课堂上师生面对面交流和完成作业的一种教学形态。"翻转课堂"最早的探索者是孟加拉裔美国人萨尔曼·汗，他制作教学视频为侄女和侄儿辅导数学功课，并把这些视频免费上传到网上，分享给更多学习有困难的孩子。目前，他已经在网站上放置了2300多段免费视频课程，有5400万学生通过网络参与他的课程学习。几乎同时，美国科罗拉多州林地公园高中的化学教师乔纳森·伯尔曼和亚伦·萨姆斯则进行了颠覆传统课堂的尝试。从2007年春开始，他们把结合实时讲解和PPT演示的视频上传到网络，让学生在家中或课外观看视频中教师的讲解，把课堂的时间节省出来进行面对面的讨论和作业的辅导。

翻转课堂模式的主要内容：①创建教学视频，应明确学生必须掌握的目标，以及视频最终需要表现的内容，应考虑不同教师和班级的差异，应考虑学生的想法，以适应不同学生的学习方法和习惯。②组织课堂活动。内容在课外传递给了学生，课堂内更需要高质量的学习活动，让学生有机会在具体环境中应用其所学内容。包括学生创建内容，独立解决问题，探究式活动，基于项目的学习。

翻转课堂模式的主要特点：重新建构学习流程。通常情况下，学生的学习过程由两个阶段组成：第一阶段是"信息传递"，是通过教师和学生、学生和学生之间的互动来实现的；第二阶段是"吸收内化"，是在课后由学生自己来完成的。由于缺少教师的支持和同伴的帮助，"吸收内化"阶段常常会让学生感到挫败，丧失学习的动机和成就感。"翻转课堂"对学生的学习过程进行了重构。"信息传递"是学生在课前进行的，老师不仅提供视频，还可以提供在线的辅导；"吸收内化"是在课堂上通过互动来完成的，教师能够提前了解学生的学习困难，在课堂上给予有效的辅导，同学之间的相互交流更有助于促进学生知识的吸收内化。

"翻转课堂"的优势在于：学生可以按照自己的学习习惯来安排学习的进度，学习的自我管理意识大大增强；通过网络，教师可以了解到学习困难学生的问题所在，能够做出更有针对性的辅导；课堂上互动交流的时间大大增加，同伴之间的相互帮助和提醒大大提高了学习的效率；学生的学习成绩有了明显的提升。

（三）国外课堂教学改革对我国未来的启示

对以上近年来国外教学理论和教学模式的学习与借鉴，将对中国新时期教育教学改革的进一步深入和教学理论体系的科学化建设起到积极的推动作用，也将对当前深化课堂教学改革，提高中国基础教育课堂教学质量具有积极的借鉴意义。

1. 注重对国外教学理论的融合与创新

目前，我们国内借鉴国外教学理论和策略大多数是单一型的，即以一种理论和策略为依据来进行教学实践，而有意识地将各种教学理论有机结合起来应用于教学实践的尚不多见。我们认为，任何一种教学理论和策略都有其优点与不足。在众多的教学理论和策略中，一种理论和策略的优点可能恰恰是另一种教学理论和策略的不足之处，反之亦然。倘若我们能够充分利用各种理论和策略之间的互补性，将具有互补性的方法加以有机融合和灵活运用，就一定能够取得更好的教学效果。在现有的教学策略上再加上另一种新的策略，其效果虽不会成倍增加，但确有增加。

同时，我们还注意到，新一轮基础教育课程改革所倡导的合作学习、探究学习、自主学习等先进的教学方式和理念，在国外效果非凡，但在中国一些地方实施的效果却不甚理想，表现为实施难度太大、过程难以控制等，这就需要我们加强社会文化和环境方面的比较研究，对这些理论进行本土化的改造和创新，以适合中国国情和特色。

2. 统整利用，增强教学模式的适应性

课堂教学模式是指在一定的教学理论指导下，为实现特定的教学目标而设计的一种课堂教学模型。它不仅是一种教学手段，而且是从教学原理、教学内容、教学目标和任务、教学过程，直至教学组织形式的整体、系统的操作样式。学科课程教学内容的多样性、教学过程的复杂性以及教师对教学过程理解的差异性等因素决定了教学模式的多样性和适应性。另一方面，学生智力的差异性和学习风格的多样性导致了学习方式的多样性和学习过程的个性化。所有这些，都要求教师运用开放的、多样化的方法模式和策略，指望靠某一种教学模式就能包打天下、占领课堂是不符合教育教学规律的。理想的课堂教学模式应该是教师在掌握多种教学模式（包括各种教学模式的理论依据和所包含的教学策略），并了解不同模式的适应条件及其局限性的基础上，根据具体的教学目标和教学情景所选择的最适当的教学模式。

3. 网络教学是未来课堂教学改革和发展的方向

网络在教育教学中的独特作用与价值正日益显现。目前，以多媒体电脑为代表的现代教育技术正在世界发达国家得到普遍应用，如美国中小学的每个教室都已经连上信息高速公路，大学与政府部门、大型组织和公司一起为中小学提供了大量的网络资源，为师生提供了许多教学、学习、讨论和交流的园地。电脑已成为教师教学和学生学习必不可少的工具。结合网络的学习，既极大地提高了教学的效益，又激发了学生的学习兴趣和热情，改变了学生的学习状态。美国中小学使用的软件主要由技术力量较强的软件公司开发。教师根据软件功能和教学需要进行选择。这些软件大多提供了方便使用者修改的功能，使之能与教师的教学特点结合得更加密切。中小学选择软件的余地非常大，个别学校如有特殊需要，还可以与软件公司联系，委托其进行专门开发。

由此，我们应看到网络在未来课堂教学中的极大潜力。开展计算机多媒体教学、采用 CAI 多媒体课件进行计算机辅助教学是提高课堂教学质量和效率的必要手段，促进了教育改革和教学现代化。同时通过形象、直观的教学形式开拓了学生的思维能力，培养了学生的学习兴趣。为此，政府应加大投入中小学与互联网的开发工作，做到"校校通""班班通"，为中小学购置电脑和相关设备，并支付上网费用；鼓励和支持软件公司开发优秀的教学软件，使所有学校都能共享优质教学资源；学校和教师也应积极跟进，努力提升信息素养，熟练使用多媒体技术，自行设计课件、制作教学视频等。

（四）深化教学模式研究政策建议

1. 强化教学模式的理论研究。在科学研究中，理性化的含量一直是科学理论的基本要求。然而，中国的教学模式研究的理性化程度却不高。这主要表现在：一是从中国教学理论研究看，人们至今对教学模式的若干基本理论问题如概念、分类与模式建构等众说纷纭、莫衷一是，有待进一步深入研究；二是从中国教学改革的整体状况来看，涌现的教学模式主要是在长期的教学实践中摸索和总结出来的，真正经过系统的理论研究的极少。虽然这些教学模式在摸索和总结的过程中，也经过某些方面的论证和分析，但总的说来，理论基础的坚实性还不够，许多教学模式的系统性、科学性尚有待于进一步探讨。对于带有各种个性特征的教学模式，如果不从理性上去系统研究，就不能很好地总结出普遍性的规律和适用规则来，也就很难移植和推广。

2．注重教学模式的综合化研究。教学模式的综合化研究是指教学模式研究应对教学的各个要素、各个环节和各种关系予以整体的、全面的关注和探讨，而不是一个方面的单一的研究。长期以来，中国的教学理论界对教学模式综合化研究关注不够，研究力量也相当薄弱，严重地制约了教学模式研究的深入。

一是表现在研究方法上，仅注重归纳法，而忽视演绎法。中国目前的教学模式大都是从教育教学实践中提炼、总结和概括出来的，普遍运用归纳法，而运用演绎法，从教育教学理论中推导出相应的教学模式的研究却不受重视。这一方面暴露出中国教育教学研究水平不高，另一方面也反映了中国教育教学理论的现实转化力低。事实上，教育史上大凡有影响的教学模式都是成功地运用演绎法的结果。认知主义、行为主义、人本主义的教学模式都是如此。

二是表现在研究内容上，或仅仅关注教师方面"传授的教学模式"，或仅仅关注学生方面"学习的教学模式"，而对真正意义上的教与学的模式研究，重视不够。

三是表现在研究范围上，对于中国传统的教学模式缺乏符合时代要求的变革与创新，对于引进国外的教学模式没有做出本土化的转化与运用。也就是说，在教学模式研究的继承与发展、引进与吸收方面，还有许多工作要做。

3．加强教学模式与现代信息技术的整合研究。不能仅仅把计算机等现代教学媒体作为教学模式运用的辅助性工具或研究的一个因素，而没有在现代信息技术与课程、教学整合的视野中，在信息网络的多维情景中，多层次、多角度地审视和构建教学模式，也没有积极寻求与信息技术专家、课程论专家的联手与合作，共同关注和开发教学模式问题。这样，研究只能在理论与实践的单维关系中艰难地支撑。这无疑限制了教学模式研究向科学化、现代化和规范化迈进的步伐，不利于研究的深化与发展。

4. 规范教学模式的实验研究。以教学改革实验基地为依托，总结素质教育改革的经验，探索出一个或几个适合于中国中小学教学改革实际的新型课堂教学模式，为今后中国的基础教育课程改革提供可靠的依据。在实验中，应以中小学课堂教学过程为重点，重新审视现行中小学课堂教学的现状，全面分析和深刻把握现代教学过程的本质特征和基本精神，具体分析制约课堂教学开展与实施的诸因素及其相互关系，揭示课堂教学的运行机制和复杂过程。具体来说，应全面关注课堂教学的各方面（教师、学生和教学环境）和各环节（教学准备、教学实施和教学评价），并设计出相应的教学策略，为教学实施提供行之有效的措施、办法与途径，使素质教育在课堂教学中得到切实可行的贯彻实施，以期整体提高中国中小学课堂教学质量。

5. 健全教学改革的工作协作机制。实践证明，在推进课堂教学改革过程中，专家引领、行政推动、实践参与反思的三位一体工作机制是行之有效的。这种由不同知识能力结构、不同思维方式、不同研究风格组成的异质互补，协同合作的工作制度，有利于发挥群体研究的整体效应，促成了培训、教学、研究的有机结合。在中小学教学研究中，要以课题研究为抓手，以校本教研制度为依托，在不断的实践和总结中进一步完善这种工作协作机制。

实际上，中国基础教育课程教学改革任重道远：中小学教育教学观念与方式正在发生积极转变，但深度、高度不够且存在形式化倾向；教学改革在逐步推进，但缩小城乡差距、全面提高教学质量的任务十分艰巨；各地区在改革过程中探索、积累了丰富的实践经验和教学模式，但系统总结、提升和推广的任务依然繁重。从各地探索实验的情况看，一方面，在当地教育局的推动下，在专家的指导引领下，实验区的课堂教学改革稳步推进，提出了许多体现课改新理念、符合区域教育教学实际的理想课堂教学，如生态课堂、现代课堂、卓越课堂、文化课堂、幸福课堂等，对推进区域教学改革的深化发展做了积极的探索。另一方面，如何真正在课堂教学层面落实这些理想，需要有规范化、可操作的教学形态和教学模式；如何充分利用现代信息技术对课堂教学的深度整合，需要探讨。也就是说，改革探索还有很大的提升空间，也有许多值得研究的问题，而且进一步总结、提炼和理性化的工作也需要做。所有这些正是今后深化课堂教学改革的主要任务。

第六章

探究性教学

　　本章深刻地揭示了探究性教学的实质，归纳性地对探究性教学的认识及其目标做了详细阐述。具体分析了探究性教学的系统构成及其内涵，并提出了实现课堂教学四大转变的实践框架和行动策略。立足于以问题为中心的基本点，本章还对探究性教学的模式设计与实施策略进行了探索和研究。

近年来，随着新一轮基础教育课程改革的深入，探究性教学问题成为人们关注和研究的热点。但是，目前人们对探究性教学存在一种简单化的理解，将其视同为探究式学习。虽然从表现形式上探究性教学的重心主要体现为学生对教学过程中问题的自主探究活动，但它们毕竟不是一回事。这种认识上的偏颇，是人们在探究性教学实质观上的简单化思维的反映。

现代教学观认为，课堂教学过程本身就是由多种要素和多个方面组成、多重环节展开并受诸多因素制约的复杂系统。这种过程的复杂性必然造成教学结果的多样性，因为"结果又涉及众多因素，并非所有的因素都能得到有效的控制。而且，能加以控制的因素所产生的课堂环境也许又不能反映真实的课堂情境。环境中的任何一个细微差别都可能导致显著不同的结果，这是像教学这类复杂系统的性质决定的"[①]。更为重要的是，探究性教学又把"科学家的研究过程"引入教学过程，强调"科学家的研究过程和学生的学习过程的相同性和不可分割性的一面"[②]。虽然学生的学习和探究具有"模拟性""再现性"和"验证性"的特征，但从科学的本质来看，学习过程和研究过程是统一的，其过程和结论也是统一的。可见，探究性教学是在教师指导下，学生主动地从学习生活和社会生活中选取与教学目的和教学内容有关联的问题或项目，用类似于科学研究的方式去获取知识、应用知识、解决问题的教学活动。如此

---

① 徐学福编译．美国"探究教学"研究20年［J］．全球教育展望，2001（8）．
② 崔相录．中小学探究教学200例［M］．北京：人民教育出版社，2004．

看来，探究性教学除了具有教学的一般属性外，又包含了"探究"的性质，这就更加增强了教学活动的复杂性。为此，要深刻地揭示探究性教学的实质，就必须摈弃简单性思维，即"要求我们在思维时永远不要将概念封闭起来，要粉碎封闭的疆界，在被分割的东西之间重建联系，努力掌握多方面性，考虑到特殊性、地点、时间，又永不忘记起整合作用的整体"[①]。

一、探究性教学的定位

（一）认识定位

探究性教学相对于传统的知识导向的教学，重在养成学生的学习能力、实践能力和创新能力。这些能力，通过教师引导，由学生在自主地、合作地探究学习中形成。主要依据是《国家中长期教育改革和发展规划纲要（2010—2020年）》提到的"坚持能力为重"的要求。

探究性教学是师生共在的精神生活过程。师生的精神生活如同他们的物质生活一样必不可少，而且是高品位的、高层次的生活，它关系着师生的自我尊严、自我价值和理想信念的实现，是师生整个生活的核心。在教学中，师生的精神生活是"共在"的，即共存、共融和共享。教师的精神生活引导和促进着学生的精神生活，同时也使教师的生活质量得以提升，生活内涵得以丰满；随着学生的精神生活逐步改善，也激励着教师不断以新的教学方式、交往方式和思维方式，激发学生的求知欲和思维活动，引导学生的价值追求，培养学生的道德品质和意志力。师生精神生活的共在性是由教学的双边性所决定的。

---

① 埃德加·莫兰. 复杂思想：自觉的科学［M］. 北京：北京大学出版社，2001.

探究性教学是学生自我探索和发现真理的过程。探究是儿童的本能（杜威语）。探究性是探究性教学的精髓，而问题是探究的核心，培养学生的问题意识和创新精神是其基本的价值趋向。关键在于让学生独立地提出问题、分析和解决问题，体验探究过程的艰辛和成功之后的快乐，教师不能越俎代庖，而应结合学科的特点和学生的学习兴趣，巧妙地设置问题情景、合理地营造探究氛围、积极地提供有助于学生解决问题的各种资源和帮助。这里，教师点拨开启、指点迷津、化解困惑的能力和欣赏标新立异、鼓励大胆质疑的态度尤为重要。

探究性教学是主体生命活动价值的实现过程。教学过程不仅是学生成长与发展的过程，也是教师成长与发展的过程。换句话说，课堂不仅是培养学生的场所，也是教师成长和发展的基地，是师生共同发展的家园。正是在这种互助交流、教学相长、彼此促进的情景中，师生的生命活动价值得以实现。诚如叶澜教授所言："课堂教学应被看作师生人生中一段重要的生命经历，是他们生命的有意义的构成部分……十分重要的是使每个教师都意识到这一点：课堂教学对他们而言，不只是为学生成长所做的付出，不只是别人交付的任务的完成，它同时也是自己生命价值和自身发展的体现。"①

探究性教学也是教师教学实践智慧施展的过程。教学实践智慧是教师在特定的教学情景中灵活机动地处理各种复杂多变的教学事件和可能发生的教学情况以及教学风险的一种教学实践能力。教学实践智慧主要体现教师个人的实践性知识（或缄默性知识）的积累程度、应用状况和教学风格显著性水平，它是教师在深入学习和掌握教育教学理论的基础上，将教育教学理论融入长期的教育教学实践活动并积淀于教师智能结

---

① 叶澜. 让课堂焕发出生命活力［J］. 教育研究，1997（9）.

构中的结果。教学实践智慧不是显性的和外向的，而是隐性的和内在的能力；不是静态的，而是在情景刺激下可激活的；虽然受某种教育教学理论的影响，但教学实践智慧不是教育教学理论本身；虽然表现为处理特定教学事件和情景的方法与技巧，但教学实践智慧不是教学方法。故而范梅南称之为"教学机智"，也有点像黑格尔所说的"理性的技巧"。与以往的教学目标、教学内容、教学方法、教学过程和教学结果都是由大纲或教师已经预先设定好，在教学中就是"按既定的方针办"的传统教学不同，在探究性教学中，有许多内容是开放的、许多方法是可选择的、许多情景是易变的、许多问题是需要探究的，这就取决于教师的临场性发挥和实践性知识的积累。在很大程度上，教学的成功与否取决于教师的教学实践智慧的发挥程度。

（二）目标定位

探究性教学表现为学生与环境、学生与教师、学生与学生、教师与环境的关系。其中学生与环境是根本，教学目标应为学生的自我探究、自我调控、主动参与、主动学习和发展而设定，目的是培养学生的探究创新精神、实践操作能力和完整个性。具体来说就是：

1. 学生获得什么知识。一是理解性知识，即把握事物的内在逻辑联系，与已有的知识建立逻辑联系，进行解释、推断、区分和扩展，提供证据、收集和处理信息等方面的知识；二是体验性知识，即在具体的活动、情景和经历中，建立感性认识，形成具有相对稳定的态度、一致的行为和个性化的价值观等方面的知识；三是操作性知识，即在具体的活动、情景和经历中，应用、制作、拟定、安装、测绘、实验等方面的知识；四是表述性知识，即对事物或事件、自己或他人的情况用口头、书面、电子等方式予以表达观点、看法、意见和描述、说明等方面的知识。

2. 培养什么样的技能。探究性教学培养学生资料收集技能、归纳和推理技能、表达和交流技能、合作技能与反思技能等。

3. 养成什么样的心理品质。探究性教学要让学生养成实事求是的科学精神与态度、主动探索与思考的心理习惯、大胆质疑的问题意识，以及不怕失败、坚持不懈的意志品质和热爱研究、关注生活的情感态度。

二、探究性教学的系统

系统构成：探究性教学特别关注学生的积极性、主动性和创造性，充分体现以人为本的现代教育教学理念。美国学者 Scott G. Paris 和 Linda R. Ayres 认为，以学生为中心的课堂应包含以下内容：真实的学习任务、学习中心，有弹性的学习团队和学习伙伴，记录学习日志或思考日志，师生会谈，可进行实际操作的材料和科技设备，关注的氛围，学习成果的公开展示，班级图书馆以及同伴间的讨论和相互指导。可以看出，学生与学习环境是其中的关键和核心。为此，探究性教学系统由以学生与学习环境的探究系统为中心，加上学生与教师的交往系统、学生与学生的合作系统和教师与环境的调设系统组成。

学生与环境的探究系统（有自我展现才智的空间、自由支配的时间、自主思考探索的机会、掌握变通知识结构的工具等）、学生与教师的交往系统（学会倾听和角色互换、多向多层互动、平等民主等）、学生与学生的合作系统（分工、竞争、交流、共思共做共享等）、教师与环境的调设系统（创设有挑战性的问题情景、拓展延伸有益于学生健康成长与自主学习的课堂环境、变通或抵制不利的环境、沟通学生生活世界与书本世界的联系等）。

因素分析：包括教师素质因素（应是复合型的，即发展型、临床型与专业型）、学生发展因素（学生是成长和发展中的新生力量，是有独立人格和尊严的生命个体，是有创造潜能和多重需要的有机主体）、学习环境因素（主要包括教学的物质环境和教学的社会心理环境两大类。教学的物质环境又分为教学实施环境、教学自然环境和教学时空环境；教学的社会心理环境分为教学信息环境、教学人际环境、教学组织环境、教学情感环境和教学舆论环境等）。

下面就具体分析探究性教学的系统构成及其内涵。

如前所述，探究性教学是在教师指导下学生指向学习环境的，表现为学生与学习环境、学生与教师、学生与学生和教师与学习环境所构成的关系系统。其中，学生与学习环境的关系是其关键和核心，因为探究性教学之所以可行，就是源于学生与学习环境的不协调。这种不协调的主要表征是学生对问题的困扰、疑虑的产生或新知与旧知的矛盾。通过学生主动的探究而达成问题的解决、疑虑的消除和新旧知识矛盾的适当处理，这表明学生与学习环境达到协调。当然，这只是暂时的协调。学生的成长与发展正是在他们与环境的关系由不协调到协调、再到新的不协调的循环往复中逐步达成的。教学目标应为学生的自我探究、自我调控、主动参与、主动学习和发展而设定。为此，探究性教学系统由以学生与学习环境的探究系统为中心，加上学生与教师的交往系统、学生与学生的合作系统、教师与学习环境的调设系统组成。

（一）探究系统的内涵

1. 问题性。问题是探究的核心，学生的探究就是始于问题、围绕问题、分析解决问题而展开的活动，没有问题也就无所谓探究。著名的科学哲学家波普尔指出："科学与知识的增长永远始于问题，终于问题——愈来愈深化的问题，愈来愈能启发大量新问题的问题。"① 在学生的探究活动中一般存在着认识问题（真理问题）、价值问题（观念问题）和操作问题（实践问题）三个类型，不同的问题对学生的探究会有不同的要求。在探究系统中，首先要正确区分不同问题的性质。如一般问题与学科问题。前者是教育教学改革与发展中尚待解决或探讨的基本理论与实践问题，需要研究的时间长、投入大、力量强，一般由专职教育科研人员来完成，所以这类问题也是大问题或跨学科问题；后者则是某门具体学科教学中师生所提出或遇到的问题，是学生在教师的指导下通过调查、实验、访谈、文献等方法，可以解决或得出一定结论的问题。教学中应围绕小而具体的学科问题来进行探究。又如表象问题和实质问题。前者是对教学活动表面特征及其外在关系中存在的矛盾和疑难的反映，是教学中个别的、直观的问题，表现在对事物和现象的状态、外部特征的描述、要素结构和差异性的简要分析，是学生在探究入门或初期所要面对或选择的问题；后者是对教学活动内在特征及内部关系中存在的矛盾和疑难的反映，是教学中抽象的、共性的问题，它要求探究者对问题所隐含的前因后果、本质特征、发展趋势作出回答，是学生在探究入门后或中后期所要面对或选择的问题。

　　同样要掌握发现问题的基本途径，即实践归纳、文献综述和理论推演。最后要找到所要探究问题的着眼点。从目前教学的实际看，学生探究问题的着眼点主要在以下几个方面：一是从教学内容（或学科内容）所标示的重点和难点中寻求与发现所要探究的问题；二是从大多数学生感兴趣且有争论的教学内容中寻求与发现所要探究的问题；三是从与相

---

① 波普尔．真理·合理性·科学知识增长［M］．上海：生活·读书·新知三联书店，1987．

关学科知识背景相联系的学生日常生活和社会文化生活中寻求与发现所要探究的问题；四是从模拟科学家的实验过程、验证学科中相关的定理、结论或原理的过程中寻求与发现所要探究的问题；五是针对具体的教学情景，在学生相互的交流和讨论中从有价值的疑难和矛盾中寻求与发现所要探究的问题；六是直接从相关文献翻阅和学习中寻求与发现所要探究的问题；等等。

2．生成性。学生的探究活动是一个动态开放的过程，学生与学习环境的双向作用与影响一直贯穿于探究活动的全过程。由于学习环境的多样性和可变性以及学生学习需求和发展水平的差异性，许多东西都是待定的，而这一切都需要在探索实践中生成。探究系统的生成性主要表现在以下几个方面：一是生成知识（经验）和能力。学生通过对问题的分析与比较、判断与推理、归纳与综合，获得处理问题所蕴含的各种因素、矛盾和关系的知识和经验，在多次对不同问题的分析和解决过程中，逐步生成操作和创新的能力。二是生成体验与理解。学生通过模拟科学家的研究过程，领悟科学家的思想观念和科学家所采用的方法，体验科学研究过程的艰辛与成功之后的喜悦，逐步理解探究本身的真谛和本质。三是生成意义与价值。探究不是为探究而探究，更为重要的是探究过程本身就体现着学生的需求和愿望、展示着学生的才智和品行、发展着学生的特长和个性。可以说，探究成为学生主体自我生命活动中最重要和最基本的方式之一，亦即探究生成着和实现着主体的生命价值和意义。

（3）自主性。探究强调基于学生需求与兴趣之上的主动参与和自我选择，基于学生心理安全之上的人格独立和活动自由。所以，创设和保持一种开放、民主、宽松的学习环境，对学生积极有效的探究活动甚为重要。

（二）交往系统的内涵

1. 对话性。师生交往过程是教师的"预设"与学生的"前见"逐步达到"视界融合"的过程，是教师的知识结构与学生的知识结构逐步变换、相互提升的过程，也是教师的心理与学生的心理逐步共容交汇的过程。这就决定了在教学中教师不可能是单纯的讲授与灌输，唱独角戏，而只能是积极地、平等地、真诚地与学生对话。在对话过程中，师生围绕共同关心的话题，各自以自己的视角和经验，用自己独特的精神表现方式和表述方式，通过心灵的沟通、思想的碰撞、意见的交换，实现知识的共有与个性的全面发展，即"真理的敞亮和思想本身的实现"（雅斯贝尔斯语）。实际上，教学所展现的就是"自我"与"自我"的相遇，只有师生真诚地展示自我，才能形成一个强有力的探究场域，才能有助于师生生命的社会意义和主体价值的实现。在探究性教学中，常用的对话形式有：导入性对话（在沟通新旧知识联系，引入新主题、新课程或新内容时所采用的中介性对话；导入性对话可以是故事性的，也可以是情景性和案例性的），诊断性对话（教学过程中了解和掌握学生的状况如学习状况、思想状况、身体状况等方面信息的对话，主要侧重对学生有何问题与困难的了解，以确定提供有针对性的帮助并采取可行性策略），解释性对话（关于人、事、物和信息的来源、依据、原因、条件、性质等方面的对话，也可以是对某一探究问题、教学内容或知识点的解释和说明所展开的对话），总结性对话（一般是对某一教学活动过程的成败得失、是非曲直进行总结、概括和提炼所展开的对话，或是教学效果与教学目标相比较而进行的对话，也称反思性对话），预测性对话（是对某种假设、某种做法或想法可能产生的结果而进行的对话，也称前瞻性对话。这种对话有助于师生视界的拓展和想象力的养成，也有助于他们在行动中尽可能地避免不良结果而争取好的结果）。

2．互助性。就教师而言，要开阔思路、出好点子、想好办法，多方位、多层次、多角度地了解和把握教学目标和教学内容，选择恰当的教学方法，以满足学生的不同需求，最大限度地激发起求知、探索、思考的潜能。同时，教师围绕所探究的问题去搜集或准备尽可能多的教学信息和教学材料（包括教具、标本、文字资料、网络信息、音像制品、相关教学案例等），并对这些教学信息和教学材料进行取舍、整理和提炼，以打开书本世界与生活世界的联系。对学生来说，也要把自己的所思、所想、所需及时地反馈给教师，并积极配合、参与，和教师一起共同利用这些教学信息和教学材料，对问题进行探究。在师生共同劳作与创造的过程中，通过知识、信息、经验、情感等多方面的相互交流、沟通与互助活动，体验探究过程的艰辛与乐趣，增长智慧与才干，提升生命的质量。这种新型的师生交往关系是师生主体之间创造性的交往关系，它不是"学"围绕着"教"或"教"围绕着"学"的天体运行中行星与卫星的关系，也不是"一方面"与"另一方面"的平面构成关系，而是"不可剥离、相互锁定的有机整体"[①]。

（三）合作系统的内涵

合作系统中学生之间的合作关系可以简略地概括为"指明问题，多维互动"的相互作用关系。这种关系是由探究活动本身的同向性和互补性决定的。同向，即学生的探究活动指向共同关注的问题及其解决方法，表现为探究活动在目标和方向上的一致性；互补，表现为学生个体与个体之间、个体与小组之间、小组与小组之间的不同观点、见解、方法与

---

① 叶澜. 重建课堂教学观——"新基础教育"课堂教学改革的理论与实践探究之二［J］.
教育研究，2002（10）.

分工方式在解决问题或完成任务过程中的相互沟通和融合。同向以需求为前提，互补以差异为前提，正是这种需求和差异，才使学生之间的合作成为可能，并"为新的观点和新的看法的出现提供最好的条件，为每个成员探究精神的发展提供了契机"①。以往的教学只强调教师的讲授，而学生同伴之间的相互关系往往被忽视，实际上，"在课堂上，学生之间的关系比任何其他因素对学生的成绩、社会化和发展的影响都更为强有力"②。

学习共同体是学生开展合作的有效形式。学习共同体是一种在成员之间达成的尊重差异、自由表达、相互沟通、共同发展的价值共同体，"他们彼此之间经常在学习过程中进行沟通交流，分享各种学习资源，共同完成一定的学习任务，因而在成员之间形成相互影响、相互促进的人际关系"③。可见，学习共同体所蕴含的是一种健康向上的新型的课堂生态文化。探究性教学，所倡导和折射的正是这种课堂文化。

（四）调设系统的内涵

探究性教学倡导学生的自主性，但绝不是放任自流，而是一种有计划、有目的、有指导的自主性。所以，教师要对学生探究的整个过程进行科学规范的设计、统筹与调控，使之有理、有序、有节。调设系统的内涵主要表现在以下两个方面。

1. 设计性。首先是教师对探究活动的导向性设计，即教师要对学生的探究活动目的、思路和方式等进行总体的规划，并提出相应的策略和建议。必要的时候，还需对探究过程中可能出现的情况或事件提出预

① 钟启泉. 教学活动理论的考察 [J]. 教育研究，2005（5）.
② 王坦. 论合作学习的基本理念 [J]. 教育研究，2002（2）.
③ 张延伟. 基于网络的学习共同体 [J]. 教育技术研究，2002（4）.

案。当然这种设计只是指导和建议性的，学生探究活动时可作参考和借鉴。其次是对探究情境的设计，即有利于唤起学生探究愿望和探究热情、有利于激发学生积极思维和开展探究行动的问题情境的设计。研究表明，真实的、有意义的和有挑战性的问题情境更有利于学生的主动探究。所以，教师所创设的问题情境应与学生的已有知识或经验、现实的学习生活和学生未来的发展需求和意愿直接相关，而且在此情境中所生成的问题是师生有能力控制（在最近发展区内）且对该问题的探究保持有足够的热情和解决的愿望。

2．调节性（变通性）。实际上，由于教学本身的复杂性，再好的设计，也要因时、因人、因环境和因问题的变化而进行相应的调整和变通。预设是相对的，变通是绝对的，学生探究的活动过程体现了预设性与变通性的有机统一、确定性与不确定性的统一。这就要求教师在具体的教学情境中，在各种复杂的矛盾关系和因素中，同"不确定性一起工作"，并合理地转化为应对各种不确定性因素和各种矛盾的教学策略，不断提高自身的教育实践智慧。如拓展延伸有益于学生健康成长与自主学习的课堂环境、变通或抵制不利的环境、变通被动或受动的学习环境，利用有用信息，剔除无关和干扰的教学信息，沟通学生生活世界与书本世界的联系等。"复杂性需要策略。在不确定性和随机性中前进只有运用策略。……策略是这样一种艺术，它利用在行动过程中出现的各种信息，把它们加以综合以便迅速地提出各种行动方案；这些方案能够最大限度地集中确定性的因素以对付不确定性因素"[①]。

需要指出的是，上述四个系统并不是孤立存在的，而是相互影响和作用的。正是各个系统之间的相互影响和作用，才能整体推动探究性教

---

① 埃德加·莫兰．复杂思想：自觉的科学［M］．北京：北京大学出版社，2001．

学的运行。

三、实现课堂教学四大转变的实践框架和行动策略

长期以来，中国的中小学课堂教学已形成一种单一、僵化和封闭的接受性教学模式。这种教学模式的具体表现是：教学方式上的讲授与灌输、教学过程上的计划与程序、教学组织上的管理与控制、教学形态上的线形与机械。也就是杜威早已批评过的"教师中心""教材中心""知识（间接）中心"。其中的"教师中心"是制约中小学课堂教学焕发生命活力，学生创新精神和实践能力培养的最大顽症。为此，让教师树立正确的教育新理念，转变教师的教学方式就成为新型课堂教学模式所关注的重点。

《基础教育课程改革纲要（试行）》明确地提出了知识与技能、过程与方法、情感态度与价值观的"全人"的教育目标，并指出："教师在教学过程中应与学生积极互动、共同发展，要处理好传授知识与培养能力的关系，注重培养学生的独立性和自主性，引导学生质疑、调查、探究，在实践中学习，促进学生在教师指导下主动地、富有个性地学习。"《基础教育课程改革纲要（试行）》就此提出了实现教师教学方式转变、实现学生学习方式的转变、实现教学内容呈现方式的转变、实现师生互动方式的转变的四大教学转变。

我们倡导探究性的教学，是要努力建立一种新型的教学文化，即思维型教学文化。思维文化是师生围绕问题探究，积极能动的思维活动样态、氛围及方式的总称。其要素包括：思维语言——具体的术语和概念，提供交流的手段，鼓励高层次思维；思维倾向——思维方式，鼓励高层次思维的敏感性、能力和意向；思维控制——学生反思的方式和控制自

己思维过程的方式；策略精神——鼓励学生建构和应用思维策略的态度；高层次知识——超越事实信息，关注知识是如何创造的，问题是如何解决的，证据是如何收集的，等等；思维转换——在从一种情景转向另一种情景的过程中，关注知识与策略的关系，更广泛地灵活运用知识和策略。只有这种新型的思维型教学文化真正建立起来，教师的教学方式才能得到根本的转变。也只有教师的教学方式得到根本转变，才能促成学生学习方式的转变、教学内容呈现方式的转变和师生互动方式的转变。

（一）实现教师教学方式之转变

1. 从由单边静态走向多维动态。

确立"以人为本、以发展为本"的教学观念，改变过去所谓的"君子动口不动手"的教学观，即不仅要"动口"，而且要"动脑""动手""动情"。动脑就是要开阔思路，出好点子、想好办法，多方位、多层次、多角度地了解和把握教学目标和教学内容，选择恰当的教学方法，以满足学生的不同需求。教学不再像过去那样仅仅完成教学大纲所规定的教学内容和教学任务，而是既定的教学内容和教学任务对学生而言，有哪些是适合的，真正掌握了多少、理解了多少、应用了多少。在教学中教师要学会用逆向思维，去分析和理解教学内容和教学任务本身，多问一些"我这样教，学生能接受吗？愿意接受吗？而如果不能或不愿意接受，我又该如何？"诸如此类的问题，给学生的自主发挥留下一定的活动空间，给教师及时处理教学过程中的突发性事件而有效地设计教学预案留有余地。一句话，教学质量的提高与学生需求的满足，才是教学的真正着眼点和立足点。"动手"就是教师围绕教学目标去搜集或准备尽可能多的教学信息和教学材料（包括教具、标本、文字资料、网络信息、音像制品、相关教学案例等），并对这些教学信息和教学材料进行取舍、整理和提炼，以打开书本世界与生活世界的联系，改变过去单纯依靠教科书的状况。对学生来说，也不是直接接受这些教学信息和教学材料，而是参与其中，和教师一起共同开发和利用这些教学信息和教学材料。教学不是从一个已储存好实物的粮仓，将粮食慢慢地分给学生，而是在一片尚待开垦的田园，师生共同去垦荒、播种、浇灌和收获。在师生共同劳作与创造的过程中，体验教学生活的艰辛与乐趣，增长智慧与才干，提升生命的质量。"动情"就是教师努力创设有利于学生积极探究的教学情景，形成轻松愉悦的课堂教学气氛，以改变过去教学中气氛沉重，缺乏活力，充满紧张与控制的状况。教师以情动人、以情感人、以情育人是新型教学的必然要求。学生只有在宽松自由的教学情景中，才会保持自我的心理安全感和舒适感，才会最大限度地激发起求知、探索、思考的潜能。为此，教师首先要精神饱满地投入教学（这也是第斯多惠提出的首要的教学原则），科学合理地开展教学，灵活机动地组织教学。

教师要把"备课"改为"设计"。基本的原则是：不求多而求精（突出把握体现学科本身的特点、教学内容的重点与难点、易引发学生探究热情和兴趣的疑问点或关键点），不求细而求活（反对重复练习、机械讲解，倡导多视角的灵活变式、引导学生通过多种途径参与开发教学资源的源头活水），不求快而求新（反对为完成教学任务而追求所谓的"进度"或"速度"，更反对不顾学生的兴趣和接受能力一味地强行灌输，强调找准真实而有价值的问题，引导学生自主探索、自主质疑，体验活动过程，让学生自己推导出结论），不求静而求动（过去那种"教室里安静得连根针掉在地上都听得见"的所谓有秩序的教学，我们不提倡。有争论、有制作、有思考、有写作、有展示的"乱"与"不一致"，在探究性教学中是必需的。试想没有争论、没有问题、没有交流、没有合作的教学，何言探究？）。总之，我们倡导的探究性教学就是让学生的手、脑、口都动起来，教师与教师之间、教师与学生之间、学生与学生之间都围绕问题动起来。在理想的教学过程中，教师应该鼓励儿童开动大脑，运用观察和推测、实验和分析、比较和判断等手段，使他们的手足耳目和头脑等身体器官，成为智慧的源泉。

2. 从独白走向对话。探究性教学是开放的、动态的、互动的，不是教师一个人唱独戏。师生的对话、生生的对话、师生与文本的对话、自我的对话反映在教学活动全过程。对话启迪思想，对话引发兴趣、对话丰富信息，对话促成沟通，对话增进共识。因为探究性教学是学生对问题的探究，对意义的探究，而问题和意义本身就是向人开放的。关于探究性教学的对话形式在前文的"交往系统内涵"中已有论述，这里不再重复。

3. 从知识点走向问题域。以往的教学所追求的是教授或掌握了多少知识（间接知识），这些知识是否系统全面（知识点是否全面），而忽视对知识教授和掌握中所隐含的问题，更忽视学生通过问题解决和实践探究的方式来获得知识。与此不同，新课程改革中的探究性教学则关注问题及其解决方法。问题是探究性教学的核心，探究性教学就是为始于问题、围绕问题、分析解决问题而展开的师生共同合作的活动。

陶行知先生指出，学的法子决定教的法子，教的法子要服从学的法子。但长期以来，中国的课堂教学却是教的法子决定学的法子，学的法子服从于教的法子。可以说，教学方式的转变与否，成为新型的探究性教学成败的关键。

（二）实现教学内容呈现方式之转变

1. 由"直接呈现"转向"间接呈现"。

以往的教学十分强调直观的方法，教师总是把书本上现成的知识、答案、结论直接告诉学生。教师是手把手地教，学生是按着老师教的样子照葫芦画瓢。这种直接向学生呈现教学内容或知识信息的方式忽略了学生独立自主探究的过程，造成缺乏个性，千人一面。教学内容呈现方式由"直接呈现"向"间接呈现"转变，就是强调教学内容或知识信息应让学生通过调查、讨论、推理和想象等途径来获取。教师只按学生的需要提供辅助的材料、设置问题的情景或在疑难之处做出必要的提示和引导。这样，虽然教师在呈现方式上是间接的，但学生在知识的获得上却是直接的，而且对知识的掌握是牢固的，对知识的理解是深刻的。

2. 由"全部呈现"转向"部分呈现"

以往的教学是把教学大纲或教学计划中的教学内容一股脑儿"批发"给学生，强调的是知识的全面性和系统性，如果谁完不成所规定的教学任务，就要当作"教学事件"来对待。由"全部呈现"向"部分呈现"的转变，强调教师要精选教学内容或信息的关键点、核心点和重要点，突出重要事件、重要人物、重要联系和重要原理的呈现，其他相关的知识和信息由学生去补充和添加，从而节省时间，发挥学生的自主性，达到以点带面、以偏概全、以部分带整体的教学效果。这种呈现方式类似于格式塔心理学中的"完形"，如同画一个圆，教师应留个缺口，让学生补充完整或填充东西。换句话说，"画龙点睛"的"睛"应由学生去点。

3. 由"肯定呈现"转向"疑问呈现"

长期以来，在知识观问题上形成了一种思维定势：教师所讲授的书本知识或间接知识是人类长期形成的经验总结，是经实践证明了的正确地反映了客观事物本质及其规律，因而它的确定性不容质疑，要当作"金科玉律"无条件地接受。现代知识观则强调知识是主体自主建构的，知识的确定性是相对的，而不是绝对的，一切知识都要以时间、地点和条件为转移。每个人对事物会有自己的判断和见解，而且这些判断和见解都有待进一步验证、探究和修正。从这个意义上说，教学中的知识是不完善的和有疑问的，因而是允许质疑的。所以，在教学中教学内容呈现方式也必须由"肯定式"向"疑问式"转变。如这种说法一定是正确的吗？这个问题只有书本上所说的一种答案吗？一个定理、结论要想成立，需要哪些条件？在多大范围内才能够成立？……这些疑问式的呈现方式应该大力提倡。

4．由"当下呈现"转向"后继呈现"

以往的教学常常出现这种情况：教师为了完成既定的教学计划和教学任务，会滔滔不绝地讲，甚至拖堂、补课，加大了学生的课业负担。殊不知，教学过程并不是一成不变的，教学内容和知识的呈现过程也不是不可分割的链条。一切计划都应在具体的教学情景中有所变化，所谓"计划赶不上变化"，就是这个道理。当在教学活动中，有些知识信息或内容引发了大多数学生的兴趣、争议和探究的欲望，教师就应中断当下的讲授或呈现行为，予以鼓励、支持并对学生的探究活动提供帮助。未完成的呈现任务可适当延续后再呈现。需要指出的是，学生通过对问题的探究，不但能深化对已呈现内容的理解与应用，而且有助于对后续内容的理解。在这种情况下，后续的呈现就可以简化或省略。从这个意义上讲，这是达到事半功倍的好的教学。

（三）实现学生学习方式之转变

实现学生学习方式的转变，是实现整个教学方式的落脚点和归宿。从目前中国课堂教学的现状来看，学生的学习方式受制于教师的教学方式及教学内容的呈现方式。为此，我们在探讨了教师的教学方式及教学内容的呈现方式的基础上，倡导以下七种学习方式：

有目的地学习。学习有明确的目标意识，对自己要达到的学习要求及其社会价值有所认识，并能主动安排自己的学习。

有选择地学习。根据学习的要求有效地选择自己的学习内容，在大量信息面前，具有捕捉信息、敏锐感受、恰当处理和应用的能力。

联系实际地学习。结合自己的学科知识经验，从熟悉的日常生活和社会文化生活中选取真实的素材、内容和信息进行学习，打通书本世界与生活世界的联系、直接知识与间接知识的联系、个人经验与社会经验的联系。

创造性地学习。不满足于获得现成的答案或结果。在学习过程中具有独立思维，从多角度、多层面认识事物，并善于合理地综合。能创造性地学习应用，去适应和解决实际环境和问题。

合作性地学习。在集体、团体和他人的矛盾活动中，能相互交流、讨论并从中吸取有益知识，能扬长避短，有合作学习能力。能在社会文化关系网络中找准自己的位置，并发挥自己的作用。

反思性学习。学生对自己的学习动机、策略、方法、阶段和结果具有自我认识、自我检查、自我纠正与发展的调控能力，能不断反思学习过程，及时调整学习策略，合理改进学习效果。

依靠丰富想象力和预测力能前瞻性学习。对自己今后的学习前途和人生道路有较好的憧憬、设计和规划，合理安排后继学习。这样的学习是对传统学习的一次变革，使学生成为一个真正意义上会学习的人。诚如彼得·圣吉所言："真正的学习，对于个人而言，涉及人所以为人此一意义的核心。通过学习，我们重新创造自我。通过学习，我们能够做到从未能做到的事情，重新认知这个世界及我们和它的关系，以及扩展创造未来的能量。"[①]

---

① 彼得·圣吉. 第五项修炼［M］. 上海：生活·读书·新知三联书店，1998.

（四）实现师生互动方式之转变

师生互动方式就是在教学过程中教师与学生的相互活动方式和作用方式的总称。传统的师生互动方式的特点是"知识中心、教师单动"，表现出单向性、受动性、机械性的弊端，是一种"人—机"交流模式。探究性教学强调的是"指明问题、多向互动"的师生互动方式，是一种真正意义上的"人—人"相互作用关系。

在这里，"指明问题"有三层含义：一是基于教学目的，教师把教学内容转化为学生都认同且明确的问题；二是问题应出现在教学过程之中；三是师生有能力控制对该问题的探究（在最近发展区内）且对问题保持有足够的热情和解决的愿望。"多向互动"就是围绕所指明的问题，师生共同参与，通过知识、信息、经验、情感等多方面的相互对话、沟通与合作活动推进教学过程的展开。这种新型的师生互动关系是师生主体之间创造性的交往关系，是不可剥离、相互锁定的有机整体。按叶澜教授的说法就是：第一，通过开放的问题、情景、活动，要求学生联系自己的经验、体验、问题、想法或预习时收集信息，进行多种形式的交流，开发学生的"原始资源"，实现教学过程中的资源生成；第二，教师在初步汇集资源基础上，生成与教学内容相关的新问题"生长元"；第三，通过网络的生生、师生多向互动，形成对"生长元"多解的"方案性资源"；第四，教师汇集不同的方案资源，组织学生讨论、比较、评价互补、修正，形成较不同方案资源更为丰富、综合、完善的新认识，引出新的开放问题。①

---

① 叶澜. 重建课堂教学观——"新基础教育"课堂教学改革的理论与实践探究之二 [J].
教育研究，2002（10）.

四、探究性教学的模式设计与实施策略

以问题为中心是探究性教学的基本点。立足这个基本点，本研究设计并探索了以下几个问题导向的教学模式，其中包括："问题—剖析"模式（矛盾情境、问题凸现、要素剖析、尝试探究、问题解答、验证反思、意义升华等环节），"自学—质疑—解答"模式，"发散—收敛"问题应用模式，系列问题递进模式和"设疑—互动"模式。

（一）问题中心教学模式的特征与策略

以问题为中心的教学，是指整堂课以提出一个或几个问题，围绕问题开展探究，最终解决问题的教学。

1. 问题中心教学的基本特征。

不是有问题的教学就是以问题为中心的教学，以问题为中心的教学必须符合以下特征：

一是有将教学目标转化为问题的过程。以问题为中心的教学必须突出问题的中心地位。可以这样来设想，任何课堂教学都应该以教学目标为中心来进行设计，如果同时要以问题为中心，那么这个问题必然与教学目标高度一致。也就是说，教师必须将教学目标设计成一个或多个中心问题，依据该问题来组织和实施课堂教学，即有一个将教学目标转化为中心问题的过程。这样，课堂教学就围绕这一中心问题展开，学生在教师引导、促进下解决这个问题，也就完成了对学习目标内容的学习。

二是有解决问题的过程。提出问题仅仅是产生了学习的欲望和对象，更重要的是要有一个问题解决的过程，而且这个过程是学生主体探究的过程。在课堂教学中，以问题为中心的模式是问题与探究的有机结合，兼具问题教学与探究教学的双重特征。那种提出问题后，教师来讲解或解释问题的教学不属于以问题为中心的教学，以问题为中心的教学必须让学生经历解决问题的全过程，尤其是如何解决的决断过程。也就是说，一定要有这样一个解决问题的过程：学生在问题的引导下，进行剖析、推理，寻求问题解决的方法和策略并实施方案，最终获得有关问题的合理解释。学生不仅从结果中获得对知识的理解，而且在探究问题解决的过程中，认识了知识与实际问题之间的关系，解决问题的意识和能力得到了提高。

三是探究中具有明显的问题驱动性和引导性。学生对教师创设的情境要有敏感的反应，能够敏锐地捕捉到情境中的不和谐因素，从而提出问题。问题具有强烈的吸引力，能够驱使学生产生持久的兴趣。教师在教学过程中，通过问题呈现出的支持情境具有良好的引导性，能够帮助学生明确问题的各种要素，正确决断问题解决的策略，即学习受到问题的驱动而发生、发展，并在问题情境的引导下走向深入。

四是有一定的问题链。一般的探究性教学模式中，都存在着"问题"环节，只是以问题为中心的子模式中，问题显得更加突出和重要，这种地位不仅表现在学生学习时必须对问题进行充分的剖析，而且体现在"问题链"的存在上。在众多的以问题为中心的子模式中，常常会产生一个个递进性的问题，构成问题链，相应地学生学习也伴随着这个问题链的解决，呈现递进性发展。另外，学生能够在解决问题的尝试中不断提出一个个问题，并逐一解决，最终指向整个问题的解决，生成完整的学习目标。

2. 以问题为中心的教学策略。

问题预设策略：预见问题提出和解决的过程。应当指出，不少人对创设问题情境及其教学持怀疑的态度，有的人虽然赞同，但是认为实施起来有不少困难。例如，问题情境的创设费时费力，如何处理与有限的教学时间的矛盾？课堂教学如何进行组织和控制才能保证学生发现并提出有效的问题？其实，问题解决教学和其他教学一样，是忠实于教师的课前设计的，因此，教师对问题的设计以及学生解决问题的组织、调控过程的设计，要切合教学内容和学生认知的实际情况，这就要求教师能够科学地、全面地预见问题的提出和解决的过程，从而保证在教师的课堂组织实施中，能够为学生正确地分析问题、解决问题提供全面的支持、引导和促进。否则，教学将面临太多的不可知因素，导致课堂上出现局面混乱、探究无序、指导不到位等不利情况，最终影响学生的学习效果。

问题激励策略：激励学生提出问题。问题是探究的起点，科学的发现始于问题，学生自行探究知识就应该从问题开始。与传统教学不一样，学习是为了解决问题，而不是用问题来充当概念、原理的例子，把解决问题看成学习之后的一个应用。探究学习的过程是解决实际问题的过程，问题构成了情境探究建构课堂学习的核心。理想的状态是，问题应该由学生发现和提出，教师的首要任务是通过创设情境，激励学生提出问题和分析问题。而在学生解决问题的过程中，教师则可以提出一些针对性的、启发性的小问题来驱动学习。

教师对学生能否提出问题、能否提出目标问题的担心是不必要的，这种担心应该是对教师能否创设出恰当的情境的担心。因此，教学设计要为问题的产生提供一个真实的问题情境，使学生提出问题。首先要为学生创造一个宽松和谐的学习环境，鼓励学生提出问题，让学生在探究中提出问题，在提出问题中探究；其次要创造条件促使学生进行探索性思考，提出探究性问题，激发学生的好奇心和内在的创作欲望，培养学生探究性思维品质。

问题启发策略：通过启发性问题促进学习深入。在以问题为中心的课堂教学中，学生在学习中的主体地位并不意味着对教师作用的否定，不仅教师课前的教学设计难度增大，而且在课堂上要花相当的时间与精力进行问题情境和问题解决情境的创设，要深入观察学生的学习情况，对教学进行管理和组织。因为学生发现的问题和提出的问题解决方案，常常可能出现较大的偏差，甚至与教师的预计相冲突，这就需要教师对学生进行灵活的启发和指导。在以问题为中心的教学中，学生对问题的提出、分析、解决，虽然是自主的，但不是孤立的，他将得到教师的指导。教师对学生的指导应该是在学生出现困难和偏差时提供，而且不是直接以"你应该……""你不能……"的方式给出，应该根据学生出现需要的具体情况，针对学生思考上的漏洞或偏差，设计一些启发性的问题引起学生对相关因素的察觉和思考，自主地调整和改进。

问题等待策略：留给学生足够的时间。在以问题为中心的教学中，要注意留给学生足够的等待时间。但是在教学中教师却往往没有耐心等待学生完成自主的学习活动，以至于学生没有时间进行思考，发现问题和提出问题的活动也不充分。在以问题为中心的教学中，有两类"等待时间"：一是创设发现问题的情境后等待学生意识到并提出问题的时间，二是等待学生对问题做出反应所需要的时间。教师留给学生的时间足够长，将带来更好的学习效果，如学生提出问题的质量提高，猜测性提问和回答增多，推理活动增加，问题多样化，问题和回答的灵活性增大，提问的数量和类型多样，学生学习自信心增大，等等。

问题强化策略：通过问题解决来强化学生对学习的渴望。与传统的教学相比，以问题为中心的探究性教学需要较多的时间，许多学生缺乏发现、提出和探究问题的能力和习惯，教学中要么出现学生难于提出问题或提不出解决问题的策略等"冷场"的局面，要么出现学生抓不住重点和关键，乱答胡猜的"混乱"，但是绝不能因此放弃。因为由传统学习到探究学习，学生需要一个适应的发展过程。第一，教师要为学生创设出一种自由、宽松的情境，要鼓励学生勇于质疑，大胆提问，让每一个学生都意识到，即使他们的问题看起来荒诞可笑，或不着边际，也值得表达出来与他人分享和共同研究；第二，教师要尽可能减少低效或无效的教学活动，通过高效的情境，增强学生自主提出和解决问题的有效性，让尽可能多的学生成功地提出问题；第三，教师以帮助的方式使学生不断地经历问题的提出和解决，强化学生的问题意识和解决问题的能力。

（二）问题中心教学模式的类型

1．"问题—剖析"模式

模式流程图：

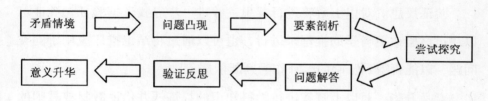

程序说明：

矛盾情境。探究起源于问题，而问题往往来自学习者的"认知冲突"，即学习者所接触到的情境与其原有认知水平之间的差距，这种差距即认知矛盾。这种矛盾冲突的存在，便引起了学习者的一种解决这种矛盾的倾向—学习欲望。因此，本模式的起点便是教师精心设计的矛盾情境，该情境既与学习者的原有认知相关，又包含原有认知不能直接解释的一些客观信息，以引起学生的认知冲突。

问题凸现。当学生发现矛盾之后，便会产生问题。此阶段是通过课堂教学的组织，促使学生将问题凸现出来，并形成共同问题的阶段。不同的学习者会产生不同的问题，作为课题教学需要对问题进行筛选，选择有代表性的问题作为全班共同探究的切入点。

要素剖析。对于选择的问题，教师组织同学们进行分析，主要是剖析问题涉及的各种要素，这些要素一般应该从与"旧知"的联系、需要获取哪些证据、潜在的答案等方面来分析。对要素的剖析往往是形成探究思路的前提，探究思路（方案）也就有了雏形。

尝试探究。根据上一步的剖析形成探究思路，并采取一定的方式对问题进行尝试性探究。这一步可以先让学生分散独立进行，也可以小组合作进行，要求学生主要获取能够解释上一步问题的各个要素的信息。

问题解答。根据上一个环节所获得的信息，形成对问题的初步结论。这个结论先由学生得出，再组织学生与教师一起对各结论进行优化，获得正式解答。

验证反思。对以上解答进行反思，并进一步寻找证据验证。验证可以通过试验或更科学的推理来进行，也可以通过将结论推广应用于同类问题，以能否得到正确的解释作为判断依据。

意义升华。对以上解答进行学科知识的提炼，并借助教材或教师的引导、适度讲解，形成新的、符合学科知识体系的概念，纳入原有的知识结构之中，从而完成教学目标。

操作说明：第一，本模式的关键点在于对问题要素的剖析上。与一般的探究性学习将重点放在方案后的验证性探究性活动不一样，本模式对问题要素的剖析占去了学习的很大一部分，通过剖析问题本身，学生对未知的知识产生了初步认识，一步步接近问题的答案。然后再进行假设、验证，就可以比较轻松，甚至顺理成章。第二，问题最好由学生提出，因此，情境的设计不要难度太大，引起认知冲突的"焦点"矛盾要明显。要注意组织学生对问题进行筛选和合并。有些问题看上去是不同的，但其实质是同一个问题，或是同一个问题的不同方面。作为全堂课探究的问题，不要太过具体和太小，要具有一般性。第三，教师在学生探究的过程中要全程参与，深入不同的学生中了解情况或适度指点，通过提问、反问等形式启发学生做更多思考。还要有意识地收集学生中的典型，以便下一步重点展示典型探究。第四，要特别注意"意义升华"这一步。由于学生的探究虽然可以得出结论，但这些结论必然在语言描述上不够规范和精练，在结论的前提等方面也会不太全面，并且容易就事论事，因此，教师一定要以一定的方式帮助学生建立科学规范的概念。可以让学生阅读教材，或者提供一些涉及学生不规范的认识或描述以外的情境，帮助学生意识到错误或缺陷，自觉进行调整。这种模式适用于全部学科。在各类新授课、知识技能应用课、围绕某个专题进行的复习课等课型中应用较为广泛。

2．"自学—质疑—解答"模式

模式流程图：

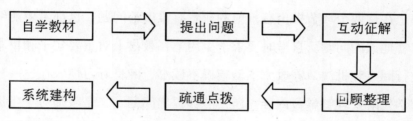

程序说明：

自学教材。在课堂上给一定的时间自学教材，教材可以是单篇完整课文，也可以是文章的某个部分。自学是本模式的起始环节，是对学习内容的初步学习。要给予充足的时间。

提出问题。学生在阅读全文的基础上提出自己的问题，问题可以是浅层次的、局部的、具体的知识点，也可以是深层次的、整体性的、深入本质的知识点。

互动征解。将所有问题列举出来，组织全体学生思考，在学生中征集对问题的解答。这一环节是学习的重要阶段，对每个问题的征解都是一次小小的探究：学生面对问题，先有一个假说，然后寻找理由进行验证，验证成功，则正确解答了这个问题，否则，他人会提出疑问，然后再进行征解，直至最终获得正确解答。

回顾整理。组织学生对问题及其解答进行回顾，将问题进行归类，并对正确答案进行概括整理，形成科学判断。

疏通点拨。由教师对全部内容进行点评。点评的目的，一是规范学生的认识；二是对学生自学、提问、解答过程中的探究意识、方法进行评价。

系统建构。由学生根据自学、疑难解答和教师点评，独立地系统归纳学习内容，完成建构。

操作策略说明：一是在自学环节，教师要提出明确要求，并可以指明将要进行的提问、征解的环节，以此来激发学生的竞争欲望，因为学生都想在这两个环节提出有价值的或者有难度的问题，也都希望能够正确解答他人的问题。自学时要求学生用笔在教材上对重要句子和精彩之处进行圈点和批注，养成"不动笔墨不读书"的良好习惯。在这一环节要求学生既要理解学习内容，还要能够提出问题。二是教师对学生提出的问题要进行归类整理。问题的提出反映了学生对文章理解的深浅，对于有些学生没有注意到但又需理解把握的关键问题，老师要进行启发引导，让他们对自己忽略的问题进行深入思考。这个阶段的学习活动以学生为主、教师为辅。教师也可对学生提出的问题进行归纳和补充。三是对提出的问题应先让学生自己解答。此时可以采取小组讨论的形式，就一个或几个问题进行讨论研究，对于学生难于自己解答的问题，老师可以通过启发引导学生思考研究，切忌直接给出答案，尽可能地让学生在探究过程中去寻找解决问题的答案。四是教师要借助点评促使学生的知识升华。点评时要兼顾以下几点：要全面，对于学生易于理解，未提出问题的内容不能放过，但要点到为止；要系统，有完整的板书（可以是纲要式的）；有重点，对部分需要深入理解的点要进行精讲。五是必要时，在学生完成系统建构后，教师可以通过多媒体屏幕或黑板板书展示、陈述自己预先准备好的示范性建构，供学生比较参考。本模式适用于所有学科的新授课和复习课。

3. "发散—收敛"问题应用模式

模式流程图：

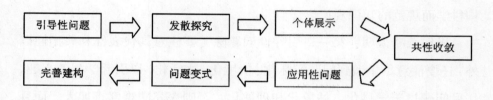

程序说明：

引导性问题。教师根据课前设计，直接向学生展示引导性的问题，这类问题必然是与学生现有知识水平相当，需要用相关知识技能来解决的问题。其目的是通过这个问题，引起学生对这一类问题的解决方法的探究，因此，该问题一定要具有代表性和典型性。

发散探究。由学生根据以前的知识和学习策略，经过积极的思考和初步推理，迅速提出解决问题的可能办法，并应用该方法尝试解决（探究），得到对该方法的有效性的判断。

个性展示。在上一个环节充分探究的基础上，教师根据参与学生探究和巡视所了解到的情况，组织学生进行典型展示，陈述自己的探究原理、过程和对自己的解答方法的评价，其他学生则通过倾听，理解他人的方法并评价。

共性收敛。教师组织学生对展示出来的典型方法进行先分析再综合，取长补短，提炼出具有共性的解答方式方法，形成较一致的解答策略。

应用性问题。教师出示同类问题，让学生应用刚刚提炼的方法来尝试解决，一方面检验该方法的科学性，进行完善和补充，另一方面通过应用，进一步获得对该方法的技能建构。

问题变式。教师将问题进行变换和拓展，引起学生的再思考，并启发学生进行学习策略的恰当变换，以形成对知识规律的更深入的思考，从本质上理解教学内容。

完善建构。师生合作，对整堂课的学习内容进行完善和系统化，建构科学而规范的知识规律。

操作策略说明：第一，引导性问题除了要注意其代表性和典型性以外，还要注意尽量做到问题实际化、情境化、生活化，以引起学生的兴趣，切忌问题过于学科化、抽象化和理性化，否则探究的难度将加大。而且问题的难度不要太大，因为这个问题是学生经过努力可以解决的，那些难度大的、拓展性的同类问题可以在此基础上进行变化后设计成应用性问题、问题变式来逐步深化。第二，发散探究和个性展示阶段是一个充分尊重学生个体化学习的阶段，但也不排斥同学之间的协作。建议先组织学生个人独立完成或以小型的小组合作讨论完成，不要以提问的方式请个别学生问答，这样不利于达到足够的探究"广度"。

本模式适用于所有学科。主要适用于知识应用课、习题解答课、学科技能方法课（如语文中的写作方法分析、人物形象塑造等）。

4. "系列问题递进"模式

模式流程图：

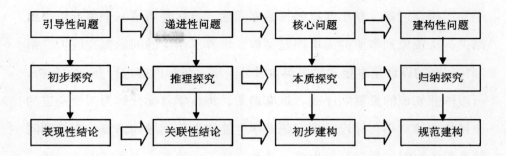

程序说明：

初步探究。通过引导性问题将学生引入探究。这类问题往往涉及一些表象性知识或背景性知识，即针对"是什么"的问题，其目的是对课堂的主体探究起到铺垫作用。通过探究得到对学习对象的外部特征的基本判断。

推理探究。完成上一步以后，提出递进性问题，将探究引向深入。这一类问题需要在上一步的表象与学生原有知识之间产生一定的联系，解决这类问题需要进行一定的推理论证才能得到正确结论。由于本探究的目的是建立课堂主体探究与前一步初步探究之间的"桥梁"，因此，此环节应该解决"怎么样"的问题，得到学习对象的外部特征与本质属性之间的"关联性"结论。

本质探究。这是课堂的主体探究部分，所解决的问题为"为什么"的本质性问题。通过此步探究获得对学习对象的本质认识，初步完成主体知识的建构。

归纳探究。对整个学习过程进行回顾，一般针对以上探究结论进行综合，通过整合探究让学生从整体上完成对学习对象的认识，既能根据表象认识其本质，又能应用本质来解释表象，并最终回答"如何得到以上判断"的问题，完成知识的建构。

操作要点：第一，本模式下，教师用一系列精心设计的问题构成一个知识探究过程，学生通过解答系列问题，自然经历了一个由分析得出结论，从现象到本质的简单探究过程，培养了学生的问题探究能力。第二，问题的设计是本模式的关键。教师应该对教学内容进行充分的分析，一般按照知识的发展顺序或者难度递增，将教学目标分解为四个递进的小目标，针对小目标设计出问题或学生能够发现问题的情境。当系列问题获得解决时，教学目标也就一步步完成了。第三，本模式中的问题一般由教师设疑，但也可以由学生质疑，要视具体情况而定，如果教学内容较多，或者问题较抽象、难度较大，则可以由教师直接发问。而时间较充裕的教学则应该通过呈现问题情境来促使学生质疑。也鼓励学生对教材的定论和教师的观点提出质疑，鼓励学生突破教材与课堂的局限，提出更有深度和广度的可研究的问题，培养学生发现问题、提出问题的能力，激发探究欲望。

本模式适用于所有学科的新授课、复习课和知识应用课。

5．"设疑—互动"模式

模式流程图：

程序说明：

情境质疑。教师通过语言表述、挂图、电教或多媒体手段、演示实验等方式，设置能够引起学生困惑的情境。学生则通过获取情境中的信息提出疑问。

自主释疑。学生对提出的问题进行分析、讨论，尝试解答，并向他人展示自己的成功解答以获得他人认可，或者展示解答中遇到的问题，以获得他人的帮助。

教师点疑。教师重新呈现第一步中的情境，启发学生进一步提出问题，以弥补学生提出问题中可能没有涉及的方面，或者深度不够的地方。

互动质疑。学生结合教师的启发进行进一步的思考，对没有弄明白或理解不透的问题进行互动质疑，并且就近展开相互之间的质疑和解答。对于重点问题，可以展示给全班同学来集体分析和解答。

精析破疑。针对学生释疑中存在的错误、遗漏或者学生反映较普遍的问题，由教师进行修正和补充，对学生的结论进行梳理，把结论转化为正式的知识性描述，从而促使学生将感性认识上升到理性的高度来认识、理解。

反思构建。教师引导学生回过头来反思本节课开始时设置的疑问，检验学生是否弄清楚。教师还可通过出示应用性情境，让学生训练应用的方法来进行检验。

操作策略说明：第一，本模式的最大特点在于问题及解决的互动性。因此，要充分发挥学生之间的互动，教师要相信学生提出问题的能力，相信学生在高度的互动之中能够触及知识的核心和本质。第二，教师通过语言表述、挂图、电教或多媒体手段、演示实验等方式设置的情境，包括要提的问题都要精心策划，既要具有趣味性，又要注重知识的连贯性。第三，对学生的任何问题，教师都应该要求同学们认真对待。无论问题如何简单，千万不要藐视学生，更不能挖苦讽刺学生，以免打击学生的学习主动性和积极性。第四，对于那些学生可能无法涉及的重点知识，教师应预先有充分的估计，以便在"教师点疑"的环节进行启发。但是启发时尽量不要直接提出问题，而是进行方法上的旁敲侧击，全班那么多的学生，总有一些学生会在教师的启发下触及本质性问题的。第五，在"精析破疑"阶段，教师可以预先进行巧妙的板书设计，将师生对问题的解答转化为陈述性知识，结合学科知识体系进行结构化重组，并板书在黑板上，这样利于将问题解答中零散的知识条理化、系统化，规范地呈现给学生，促进学生对知识的系统建构。本模式适用于所有学科，尤其是语言类精读课、新授课中的概念课、涉及生活和自然现象的探究课、习题应用课、阶段性复习课等。

第七章

教学改革实验

　　本章客观理性地梳理和总结了改革开放 30 多年来中国教学实验发展的基本进程、主要特征和基本经验。教学实验在推进学校课程改革，特别是推进教学改革方面发挥了先导性、示范性、基础性作用。同时，本章也对教学实验推进学校变革中的问题作了方法论反思并提出改进建议。

梳理、总结和盘点改革开放三十多年来中国教育改革和发展的成败得失、经验问题，始终不能回避和绕开教学实验，因为教学实验作为验证性、变革性的实践活动，一直与中国社会的政治、经济、文化和教育的发展息息相关，一直同中国教育教学理论与实践改革交互运动，并发挥着先导性、试验性和创新性的作用，已经成为新时期以来中国教育界的主导性话语和声势浩大的行动，深深地影响着中国教育从理论到实践、从课程到教学、从决策到实施、从个人到组织的多个层面，见证了中国教育改革和发展的历史脉络、推动了中国教育思想（理论）与实践的结合进步。尽管在新世纪、新时代，教学实验面临诸多方法论上的变革和多元化方法竞争上的挑战和困境，但丝毫不能贬低它在中国教育中的历史地位和价值功能，更不能对它的未来发展失掉信心。

一、改革开放以来中国教学实验发展的基本进程和经验

如此，客观理性地梳理和总结改革开放 30 多年来中国教学实验的主要历程、实践进展、基本经验，并从时代要求出发进行方法论的反思，以推动中国教学实验的未来发展，实为教育科学工作者的重要使命。

（一）基本进程与主要特征

1978 年，中国开始了改革开放的伟大征程。以邓小平同志亲自作出恢复高考及对外派遣留学生的重大决策为起点，中国教育迈出了改革开放的历史性步伐。也是在这个时期，已经沉睡了十年的教育改革实验全

面复苏并迅速发展，出现了中国教育实验史上的第二个发展高潮。从此，教学实验与中国教育的改革和发展携手前行，一起走过了 30 多年光辉的发展历程。纵观中国教学实验 30 多年的发展历程，大体可以分为以下四个阶段。

1．1978—1984：教学实验的全面复兴

教育思想是教学实验的先导。1978 年 12 月召开的具有历史转折意义的中共十一届三中全会，迎来了教育思想的大解放，也迎来了教育科学研究的春天。教育思想的大解放，催发着教育改革和教学实验的洪流涌动。1979 年 8 月，《教育研究》发表特约评论员文章指出：三十年中很少在实验的基础上独立地进行教育理论研究，大多是对本土的注释或首长批示和政策条例的汇编。对此该刊组织了"教育实验座谈会"，提出了"教育科学的生命在于实验"的口号。《中国教育学会通讯》发刊词又提出通过教育实验研究，建立中国特色社会主义教育理论体系的先声："造就千百万适应四化需要的又红又专的人才，教育科学必须先行。我们要加紧努力，在广泛调查、实验，认真总结老解放区的特别是解放后的丰富经验，批判继承孔子以来的教育遗产，吸收对我国有益的外国教育先进经验基础上，逐步掌握教育的客观规律，建立起我们自己的社会主义教育体系来。"[①]1983 年 9 月 10 日，邓小平为景山学校题词——"教育要面向现代化、面向世界、面向未来"，成为教育改革和教学实验发展的指导方针，更加激发了各地恢复和开展教学实验的热情和愿望。一些停顿的教学实验相继恢复，如"三算结合"实验、"集中识字、提前读写"教学实验、中学数学自学辅导实验等。同时，兴起了一批新的教学实验，如"小学提前开设自然课程"实验、单科教材实验等，据统计，

---

① 中国教育学会通讯发刊词［J］．中国教育学会通讯，1980（1）．

党的十一届三中全会后，操作性强、影响面大、效果显著的学科教学改革与实验有 18 项之多。纵观这个时期的教学实验，学科分布和地域分布不平衡，主要集中在数学、语文等主干学科和东部大城市，实验尚限于经验层次，科学化水平有待提高。这也反映出中国改革开放初期教育的总体状况，但它毕竟预示出中国教育的勃勃生机。

2．1985—1992：教学实验的整体推进

经过前期的全面复兴，这个时期的教育实验在国家教育政策、教育理论研究的有力推动下，数量在增加，规模在扩大，类型变多样，水平在提高，开始进入一个相对繁荣发展的阶段。1985 年 5 月，中共中央颁布《关于教育体制改革的决定》，提出了"提高全民素质，多出人才、快出人才"的宏伟目标，为中国教育改革与发展指明了方向。在教育政策的感召下，教育界对国外现代教育教学理论（如布鲁纳的结构主义教育理论、斯金纳的程序教学理论、布卢姆的掌握学习理论、巴班斯基的教学结构最优化理论等）进行了　介绍和引进，对中国教学实验产生了重要的理论指导和方法论启示，推动了教学实验理论研究的开展，有力促进了教学实验的整体推进。主要表现为：一是学科课程和教学实验稳步发展且由单项实验向整个学科和教学拓展，如李吉林的情景教学试验、南京琅琊路小学的"以语文教学改革促进整体性改革"实验、冯忠良的"结构——定向教学实验"等。二是综合课实验开始受到重视，如上海市原教委在 20 世纪 80 年代后期对六～九年级设置了综合型的社会类课程，将历史、人文地理和社会学的相关基础知识融合在一起，也设计了综合型的自然类学科。这些实验，实际上为今后新课程改革做了积极的尝试，积累了有益的经验。三是中小学整体改革实验迅速发展。1985 年以后，国家先后确定了 115 个农村教改实验县，开展农、科、教结合和基础教育、职业教育、成人教育统筹实验。1988 年中国教育学会组织召开了全

国普通教育学校整体改革研讨会，并成立了中小学整体改革专业委员会，加快了学校教育整体改革的步伐。可以说，这个时期，正在掀起中国教学实验的第二个高潮，也标志着中国教育改革与发展迅速推进。

3. 1993—2000：教学实验的深化发展

20 世纪 90 年代以来，中国教育教学实验无论在数量、规模、程度和范围上，还是在质量、效果、影响上都有进一步的拓展；无论是学制实验、课程实验、教材实验、教学方法实验、教育教学管理实验，还是整体改革实验都不断深化和发展。深化教育改革、全面推进素质教育，成为这一时期教学实验的主导性课题和价值取向。1993 年 2 月，中共中央国务院发布《中国教育改革和发展纲要》，提出了"推动应试教育向全面提高全民族素质的教育转轨"；1999 年国务院发布《关于深化教育改革 全面推进素质教育的决定》，正式以政策文件的形式明确地提出了"素质教育"的概念。可以说，这两个文件成为指导 90 年代以来教学实验的行动纲领，素质教育成为 90 年代乃至今后一段时期教学实验的主题和行动目标。在素质教育目标的指引下，中国的教学实验无论在理论研究、实践探索和协作机制诸方面都有突出的进展。

在理论研究方面，面对各地各类型的教学实验在实施运作中所暴露出的各种问题，迫切需要在学理上和规范上做出回答，探索教学实验自身的规范性和科学性体系成为必然。90 年代前期出版的《教育实验论》（王汉澜著，河南大学出版社）《教育实验方法》（陈社育、柳夕浪著，浙江教育出版社），分别从教育实验的理念、学术和方法的层面进行了阐述。1998 年，王策三先生主编的《教学实验论》从理论的视角出发，探讨了教学实验的认识和方法论问题，探讨了中国教学实验的未来出路。同时，教育研究杂专社、教育研究与实验杂志社等单位从 1988 年起连续六年召开学术研讨会，先后探讨了"教育实验的理论与实践""教育实验评价""教育实验设计""教育实验的科学化"等问题，有力地促进了新时期中国教学实验的理论建设，极大地规范和引领了各地教学实验的开展。潘仲茗主编的《中小学教育改革实验丛书》和顾明远主编的《全国中小学素质教育理论与实践丛书》等，都集中地反映了90年代中国各地教学实验的理论和实践成果。

在实践探索方面，由20世纪80年代以单科、单项为重点的教学实验探索，逐步转向了学术思想鲜明、理论工作者与一线教育工作者合作的以整体推进学校变革为重点的整体改革实验。这期间，系统思维理论成为指导教学实验的主体方法论。人们围绕素质教育的主题，以全面提高学生的素质为重点，在学校教育的各因素、各层面和各方面进行了有益的探索。其中，以主体教育哲学为指导的主体教育实验和以创新思维为基点的创造性教学实验成为落实新时期素质教育目标的实验运作模式。可以说，以整体改革实验为重心，以多种单科、单项教改实验为辅助的多样化的教学实验格局，成为90年代中后期教育实验的基本的实践样态。

在协作机制方面，成立于1994年的中国教育学会教育实验研究会及中央教育科学研究所教学实验研究中心，整合全国教学实验的资源，以实验区（学校）为依托，以学术研讨与交流为形式，针对教学实验研究与实践中的重大理论和实践问题开展多种学术活动，推介了一批教改实验示范（区）校和典型，有力地推动和引导了中国的教学实验协调运行。

4．2001年至今：教学实验的多元聚焦

进入21世纪，素质教育的实验指导思想更加明确，教学实验的内容更加集中，教学实验的重心和主题已聚焦到新一轮基础教育课程改革上来。2001年，教育部颁布了《基础教育课程改革纲要（试行）》，从课程目标、课程内容、课程结构、课程实施、课程管理及课程评价诸方面，对本次课程改革做出了整体规划。同时，新的课程标准研制和教材的编写工作也全面展开。9 月教育部在全国 28 个省确立了 38 个首批新课改实验区。到 2005 年秋季全国所有义务教育段的中小学起始年级开始实施新课程，同时及时启动了义务教育阶段新课标修订和完善工作，普通高中新课程也在积极稳妥地在全国逐步展开。国家新一轮基础教育课程改革是一场由课程教材改革带动的中国基础教育的全面、整体的改革，是中国教育领域一场广泛深入的教育创新。这个时期的教学实验基本上都是围绕新一轮的基础教育课程改革展开的，虽然有的教学实验没有直接冠名"新课程改革"，但实验的指导思想和基本精神与新课程改革有内在的一致性。

从总体看，进入本世纪以来的教学实验的显著特征是追求一个"新"字。目前已初步形成了由政府推动、理论研究者带动、广大中小学教师参与的课程与教学改革实验热潮，即通过新的课程教材体系，营造生命实践活动课堂，培养 21 世纪新人。其中具有代表性的改革实验有"新基础教育课程教材开发实验""新教育实验""国家基础教育新课程实验""新基础教育的研究性、推广性实验"以及一大批旨在培养学生创新精神和实践能力为重点的课堂教学变革实验等。

（二）基本经验

改革开放以来三十多年的教育实践表明，教学实验至少具有两大功能：一是认识功能，即验证、丰富、深化理论认识，发现真理，寻找规律；二是发展功能，即通过合理、有效的实验措施，提高教育教学质量，促进学生发展，锻炼师资队伍，推进教育改革，服务教育决策等。中国广大的教育教学工作者积极运用教学实验的方法和手段，结合自身的智慧和本土化的实践，充分发挥教学实验的功能，为中国特色社会主义教育教学体系做出了积极有益的贡献。教学实验以其特有的功能，为解决教育现实中的一些迫切问题打开局面，创立范例，为教育部门的决策做探路先导，也为教育理论的建设提供实证资料和科学依据。例如，在理论研究方面，教学实验理论与方法的研究为教育科学方法以及方法论的研究注入了活力，并在一定程度上促进了整个教育科学研究方法体系的探讨。通过实验，探索、创造了一系列有利于教学理论发展的新经验、新模式，检验、深化和改造了一些国内外已有的教学理论与经验，这些成果对于新时期教育理论的繁荣与发展起到了积极的推动作用。

在教改实践中，大批优秀教学实验成果不断涌现，不少优秀成果在全国范围内得以推广，并形成巨大的影响。许多学校通过走教改实验之路，提高了教育质量，培养锻炼了师资队伍。教学实验在教育改革中的导向、示范、评价、激励作用日益为广大教育工作者所认识，人们的科研意识和实验意识普遍得到加强。向科研要质量，向科研要效益，"科研兴校"已成为不少管理人员和教师的共识。在教育管理和决策方面，教学实验的影响力与日俱增。各级教育行政部门正在改变传统的管理和决策方式，逐步确立了教育改革与决策过程中科研先行、实验先导的指导方针。例如，近年来国家先后制定的《基础教育课程改革纲要（试行）》以及各地颁布的一系列课程实施方案，都广泛吸取了一些教学实验的研究成果。这都表明，教学实验在教育改革与发展中发挥着重要作用，教学实验的兴起与发展为新时期中国特色社会主义教育体系的建构发挥了主要作用，积累了极其丰富的宝贵经验：第一，提高教育教学质量，促进人的全面和谐和个性化发展，是教学实验的永恒主题；第二，科学、先进的教育教学思想和理论指导，是教学实验成功开展的基本前提；第三，以课题（项目）为依托、以教育教学改革实践中的重大问题为中心的实验取向，是教学实验保持强大生命力的关键；第四，教育行政（管理）

人员、教育教学研究人员和广大教师通力合作、集体攻关，是教学实验开展的主体，也是教学实验运作的有效机制；第五，追求教学实验自身的规范性和科学化，是教学实验发展的本质要求；第六，教学实验研究方法与其他教育研究方法的相互借鉴和优势互补，是教育科学繁荣发展的重要标志；第七，开放民主的政策环境和社会环境，是教学实验顺利开展的重要条件和制度保障。这些经验，是中国教学实验推进乃至教育改革与发展的宝贵精神财富。

二、教学实验推进学校课程改革的作用

（一）教学实验促进了先进的教育教学思想（理论）的传播及"以人为本"育人观的确立，提升了学生的学习能力

新时期的教学实验都以先进的教育思想和理论为指导，体现着相关理论的意愿、要求和价值取向，有时某项教学实验就是某种教育思想或理论的先导和示范。如目标教学实验与布鲁姆的"教育目标分类学理论"，"愉快教育"、生命教育与人本主义教育思想等。通过教学实验，一方面检验了该理论的正确与否，另一方面又促进了理论思想的传播，更促进了教育教学观的转变。其中，显著的标志是在教育领域确立"以人为本"的育人观。

人是教育活动的出发点和落脚点。重视教育对学生的发展价值，着眼于学生的全面发展、个性发展和和谐发展，逐渐成为各种教学实验的主旋律。"适应学生的教育是最好的教育"，此时的教育研究和实践活动要求充分尊重学生的主体地位、尊重学生的情感，相信学生的潜能，真正视学生为个体和主体，强调德、智、体等在每个学生身上的具体

落实，重视智力因素与非智力因素全面和谐的发展——这是学生终身学习的基础。中国的基础教育新课程改革从"知识与技能""过程与方法""情感态度与价值观"三个维度提出课程目标和内容，在强调基础知识和能力的同时，更看重创新精神和实践能力、终身学习的愿望和能力的养成。20世纪90年代初开始的"主体教育"实验，针对传统教育中严重忽视"人的发展"这一问题，设计了"主体参与、合作学习、差异发展、体验成功"的发展性教学策略，强调要始终把学生放在首位，并以此作为促进学生主体性发展的手段，强调学生的能动性，反对灌输式的教学方式，同时要善于理解并充分尊重学生的合理选择，旨在培养学生的主体人格，实现学生的主体发展。"新基础教育"实验更是从人的生命实践活动出发，注重在师生互动、动态生成的教学活动中，沟通书本世界与生活世界的关系，展现和提升师生的生命质量和精神价值。可以说，"新基础教育"实验所倡导的理念，成为中国教育改革与实验新的价值追求。"新教育实验"围绕"世纪新人"的培养目标，提出了全新的教育思想，付诸了六大教育运动，着力"让人过一种完满的教育生活"。无论是哪种教学实验，它们都坚信"个体能够自主学习且能够主动学习"，并以此为基础强调开发学生的个体潜能，重视培养学生的完整人格，促进学生和谐发展。

提升了学生的学习能力。"以学习者为中心""为了每一个学生的发展"的新课程理念在实践层面上得到了体现，让学生爱学、乐学，给儿童一个幸福的童年，不仅是实验教师的共同心声，并且已经成为现实。《国家级课程改革实验区教学改革调研报告》显示：学生自主学习的能力，特别是学生的综合素质明显地提高了。主要表现在：（1）小学低年级学生的识字量明显增加了。学生不仅从书本中识字，也从生活中、从各种学习资源中识字，并初步养成了主动识字的习惯。（2）搜集和处理信息的能力提高了。围绕一篇课文或一个主题，学生能收集到相关的各种各样的资料。学习不再局限于一本书了，而是拓展、延伸到社会生活、科学世界和网络世界的各个角落。（3）交流和表达能力提高了。新课程提倡合作学习，鼓励学生在交流研讨活动中学习。课堂上，学生们经常交流各自的学习心得，交流彼此的看法，交流思想、情感体验。教师则鼓励学生发表自己独特的见解和真实的感受。（4）质疑、创新能力提高了。新课程提倡探究学习，鼓励学生在探究、发现活动中学习，从而把学习过程之中的发现、探究、研究等认识活动凸显出来，使学习过程成为学生思考、质疑、发现、求证的过程，学生的质疑、创新能力得到了培养。（5）动手实践能力提高了。新课程不仅专门开设了让学生动手实践的课程——综合实践活动，而且在每门课程教学中，都积极创造条件，尽量给予学生实践机会，让学生亲自动手、亲身体验，学生动手能力得到了一定程度的提高。

（二）教学实验围绕课程与教学改革的主题，积极探索课程的综合化和校本课程开发，为优化课程结构、提升学生综合素质做了有益尝试

课程是教学活动的基本依据，是实现教育目标的基本途径。在教学实践中，课程的质量在很大程度上直接影响着教学质量和人才培养的质量。正因为如此，在 20 世纪 80 年代以来的教学改革中，课程改革与实验始终居于十分重要的地位。

课程综合化是 20 世纪 90 年代以来各国课程改革的一个趋势，基于社会和个人发展的需要，各种教学实验的课程更加关注个人在复杂的情境中做出明智的选择和问题解决能力的提高，因此，这需要突破传统的以分科为特点的"学科主义"框架，同时也需要改变以往的知识技能的确定性和检阅性观念，更多强调根据学生的学习和身心发展规律来安排内容，并确立课程内容与生活和社会的关联性和连续性。例如，"情境教学"实验强调在一种"人"化了的情境中全面提高学生素质，这种情境往往出现在学科、社会或经验本位的综合课程中，与学生的生活密切相关，更利于让学生产生心理共鸣和相应情感，从而为主动参与教学过程奠定良好的前提和条件。近年来"中小学幼一体化课程（阶梯课程）实验"提出了"阶梯型课程"，将课程内容按难度高低进行与学生发展的动态水平相切合的阶梯式排列和实施，从而有效地适应和促进学生发展的阶梯式上升。它注重学科课程与活动课程相结合、分科与整合相结合，必修与选修相结合。如，从小学到高中，选修的比例范围达到 5% ~ 30%。课程结构上，实现了纵向衔接沟通与横向整合，把外语、计算机作为核心课程。这种探索有利于构建适应 21 世纪人才要求的课程体系。

《基础教育课程改革纲要（试行）》明确提出，建立"国家课程、地方课程和学校课程三级管理体制"。为此，许多课程专家进行了以校本课程为主的实验探索。校本课程是指学校在保证国家和地方课程的基本质量的前提下，对本校学生的需求进行科学评估，充分利用当地社区和学校的课程资源而开发的多样性的、可供学生选择的课程。其目的是提升教师和学生在课程开发和变革过程中的主体价值，适应学生的实际需要和学校的实际情况，促进中国课程决策的民主化进程。如"校本课程开发"实验，在对学校资源、信息进行调整评估的基础上，制定了《校本课程开发指南》，形成与国家课程相整合的、对学校育人目标起支撑的、适应学校办学目标和满足学生需求的校本课程结构，即包括 4 门限制性选修课以及科学素养类、人文素养类、生活职业技能类、身心健康类等 4 类任意性选修课；初步形成校本课程的管理制度，成立由专家、校长、教师代表和学生代表组成的"学校课程发展委员会"，制定《校本课程管理细则》《学分制试行条例》和《校本课程评价指南》，建立校本课程的决策程序与内部课程监督机制。实验结果表明：教师认为选修课、活动课起到必修课起不到的作用比例为75%，对学生负担没有增加的达93%，其实际效果好的比例为96%。而且绝大多数学生对选修课和活动课的效果持肯定态度。实验者这样评价："校本课程开发实验不仅激活了该校课程改革的活力，为学校的持续发展和课程改革提供了可靠保障，而且为进一步实施三级课程管理体制提供了参照和思考框架"。然而这方面的实验探索刚刚起步，要真正建立起符合中国国情的三级课程体系还任重道远。

（三）在教学实验的积极探索和推动下，教学模式（或教学方式）正在发生积极而本质的变化，课堂教学呈现出多样性、活动性、生态性的实践样态

课堂教学是课程实施的基本途径。再好的课程方案，必须通过教学这个环节才能真正实现。纵观改革开放三十多年来的教育改革实验，其最终目标是围绕着提高教育教学质量展开的，而学生素质的全面和谐发展则是质量的最高体现。

经过多年的实验探索，特别是在新一轮课程改革的推动下，教师更加注重根据不同年龄学生的认知特点，引导学生主动学习；积极实行启发式教学和参与式教学，激发学生的独立思考和创新意识。课程改革后的课堂突出学生学习的主体作用，注意学生的创新精神和实践能力，注重学生的参与、体验和感受。目前，中国中小学的课堂教学模式和方式发生了巨大变化，多样化的教学实践形态正在形成。有人总结了新型课堂教学模式的几种价值取向：（1）活动取向，如活动教学实验；（2）

生命取向，如新基础教育实验、新生活教育实验等；（3）动态生成取向，如新课改实验；（4）交往与对话取向，如新基础教育实验；（5）自主取向，如主体教学实验、创造性教学实验等。实际上这种划分是相对的，因为每一种倾向的教学模式的内涵、策略是多方面结合的。概括地说，就是逐步地"从教师本位向学生本位转变，从独白式教学向对话式教学转变，从封闭式教学向开放式教学转变，从传递接受式教学向以引导探究为主要特征的多样化教学转变"。

近年来，在教学改革实验方面涌现出了一些先进学校的典型。如倡导"先学后教、当堂训练"（注重学生自学）、"没有教不好的学生"（大面积转化"困难生"）、"上课要像考试一样紧张"（提高课堂教学效率和节奏）的江苏省洋思中学，"两案（教案与学案）合一"、"两本（笔记本、作业本）合一"、"备研合一"（教师集体合作）的江苏省东庐中学，"开放课堂中的预习—展示—反馈"三板块一体、"10+35"（教师讲不超过10分钟，学生活动不低于35分钟）模式的山东省杜郎口中学等。这些真实发生在我们课堂教学中的事例，正表明传统的单一的教学方式和形态正在发生着根本的变化。

（四）教育理论研究者、教育实践工作者和管理人员三结合的实验研究团队和良性合作运行机制，培养了一大批高素质的教师队伍，有效地提升了教师的专业发展水平

经过长期的研究探索，已经形成了区别于西方国家实施的教学实验。我国的教学实验主体是一个由几方面组成的学术共同体。实践证明，这种由不同知识能力结构、不同思维方式、不同研究风格组成的异质互补、协同合作的实验制度，有利于发挥群体研究的整体效应。叶澜教授在总结"新基础教育"实验的成效时指出，就理论工作者而言，在实验研究中承担着提出理论、整体策划和组织协调的任务。理论在整个研究过程中发挥着引领价值取向、促进新观念体系形成和对变化着的研究实践作综合式的抽象、不断提出新问题和新任务、提出原则性的行动意见等方面的作用。这是站在理论立场上对事件的观照和领悟，同时也是理论研究人员将自己的研究扎根到实践、到实践一线去感受教师和学生的生活，感受他们的智慧和创造，并和他们一起创造新实践的过程，是一个实践滋养理论研究人员的学术灵感和精神生活的过程。它使理论研究人员深切体验到实践内蕴的创造力和无比的丰富性，产生扎根实践的内在需要，逐渐形成从实践中发现问题、解决问题、形成理论的能力与习惯。改变了理论研究人员对实践缺乏兴趣与尊重，满足于寻找例证式的联系方式。正是"新基础教育"理论的这些特征，以及研究人员长期与实践研究者的合作，逐渐成为实践工作者个人内在理论的组成，成为两类人构成的"我们"之共同的理论。

从实践工作者方面看，在理论和专业人员的指导下，实践者逐步认识到，教育教学实践必须有一定理论和方法论作指导，并带着这种理论去参与实践、解决实际问题，使共有的理论观念逐步得到验证和内化，最后在反思的基础上，经过长期的积淀，逐步使外在的理论变成实践者个人的理论。这种双向互动的合作机制，充分体现了教育理论工作者与实践工作者的民主与自觉，是一种相互尊重、共同成长的发展机制。

另外，从教育行政人员方面看，必要的实验投入和政策支持也是保障教学实验成效的必要条件，而且他们的参与也会对管理和决策带来启示、感悟、借鉴和参照，进而影响教育的决策水平。这种符合中国国情的教学实验合作团队和协作机制，培养和造就了一大批高素质的科研型教师队伍。这些科研型教师，经理论培训和实践磨练，提高了理论水平，增强了研究能力，改进了教育教学实践，他们正在本地区、本学校的教改实践中发挥着领头羊和主力军的作用。

总之，新时期的教学实验秉承 20 世纪二三十年代中国教学实验先驱的变革求新精神，力求与中国教育的改革与发展进程同步，并致力于将先进的教育思想理论进行本土化的改造，探索具有中国特色的社会主义教育体系，为中国教育的改革与发展乃至社会的文明进步，做出了不可磨灭的贡献。

三、教学实验推进学校变革的方法论反思

在当今时代，面对知识经济、信息化社会和文化多元化的新形势，中国的教学实验推进学校变革面临新的挑战和问题：（1）实验的科学化水平普遍不高，主要表现为实验中理论依据不足，实验标准和实验设计不尽合理，教学实验与一般教改实践难以区分。（2）实验的理论研究相对滞后，主要是指现阶段教学实验的理论研究跟不上实验发展的需要，研究中移植的东西多，从实践中总结的东西少，理论研究缺少对实践活动的必要敏感和关注，已有的理论成果不能有效解释和指导现有的实验。特别是对于"什么是有中国特色的教学实验""它们的基本特征和规范是什么"等这样一些关键问题，我们从理论上还不能给出清晰明确的回答。（3）实验中的实用和功利主义倾向，即只顾眼前，急功近利，不顾实验的设计要求，急于出成果，急于见成效的态度。（4）实验的宏观协调明显不足，主要表现为缺少专门的职能部门对地方乃至全国的教学实验进行规划、组织、协调，实验点之间缺少横向的交流渠道，实验信息交流不畅，实验资源难以共享，课题重复设计、重复实验造成了相当大的资源浪费。（5）许多实验区和实验校在推进素质教育和新课程改革实践中的先进经验、实践模式和成功做法，尚需进一步提炼、概

括和总结，一些有价值的教学实验成果需要进一步关注和推广，等等。正因为解决这些问题的复杂性和艰巨性，20 世纪 90 年代中后期，中国教学实验理论探讨曾一度淡化，教学实验似乎进入了高原时期，这一方面表明人们对教学实验的心态更为冷静和理性，另一方面也说明符合时代精神的思维方式的根本转换和方法论更新，已是教学实验后继发展的关键所在。对此，尽管涉及的方面很多，但我们以为以下，几个方面的问题尤需重点关注。

（一）教学实验的生命活力在于顺应时代和社会的发展要求

时代精神与社会要求是教学实验的风向标和过滤器。教学实验永葆生命活力的关键在于适时、正确地把握时代和社会发展的脉搏和节奏，并从时代和社会对教育改革与发展提出的重大实践问题中找到自己的关注点和突破口。大凡成功的教育改革实验，都是与时代和社会发展合拍的，反之，则有可能终止。如自学辅导实验，前后坚持了近 40 年，并在中国中小学教学改革实践中产生了广泛而深刻的影响，应该说，在中国教学实验发展史上写下了重要的一页。2002 年，该实验由于种种原因终止，其中很重要的一点就在于实验主题并未与时俱进。教学实验研究，既不是游离于实践作形而上的思辨和遐想，更不是单凭常识经验的直觉和感悟，而是超越了思辨的和经验的局限，在时代和社会的大背景下对不断变革的教学实践的沉思和问题的挖掘。"所谓超越思辨的局限，表现在教育实验一方面力图通过干预实验对象的活动，检验理论或找出规律，上升为理论，另一方面它可以将理论变成可操作行为，使理论具体化，思辨现实化；所谓超越经验的局限，表现在实验对实践活动的干预性，在一定范围、一定时间内它通过假设，有明确目标、有控制地采取各种措施让实践回答问题，从而揭示教育规律。"[①]教学实验只有在不断解决不同时期遇到的矛盾与问题中，不断归纳出新的命题形成新的内涵，才能不断获得持久发展的生命活力。

当今中国正处在建设以人为本，经济社会全面、协调、可持续发展的变革时代。指导这种时代变革发展的是科学发展观，它不仅是对人素质发展观的时代提炼和概括，而且展示了一种面向未来发展的崭新的社会文明观。一方面把人的发展，特别是人的精神发展提升到一个全新的高度，另一方面从更高的境界和更广阔的视野，把人的发展同环境、社会和生态发展融合在一起，全面协调发展。科学发展观的提出，已经深深地影响和改变着人们的世界观和价值观，同时也深刻地影响着教育观念、教育内容和方式的不断变革。早在1996年发表的国际21世纪教育委员会报告《教育——财富蕴藏其中》就明确表达了21世纪教育的理想与信念："学校应进一步赋予学生学习的兴趣和乐趣，学会学习的能力以及对知识的好奇心"，"要让像财富一样埋藏在每个人灵魂深处的所有才能都发挥出来，例如记忆、推理能力、想象、体力、审美观、与他人交流的能力、领导者的天然气质等"。[②]可以说，提升人的整体素质，促进人的全面发展的素质教育是教育改革与发展的主题，是当今时代教育的最强音。正是从这个意义上来看，在当前及今后相当长一段时期内，积极应对在素质教育实践中出现的新情况、新问题和新矛盾，有效探索与素质教育目标相适应的新型的教育教学模式、方法及体制，是未来教学实验研究的使命和基本责任，也是教学实验常葆生命活力的关键所在。

---

① 雷实，翟天山. 教育实验与教育思潮［M］. 成都：四川教育出版社，1998.
② 教育——财富蕴藏其中［M］. 北京：教育科学出版社，1996.

（二）教学实验的发展方向在于科学与人文精神的双重引领

科学与人文是人思维品质的双翼，相辅相成，缺一不可。教育之学是"为人"之学、"成人"之学，科学精神与人文精神都是教育科学发展必须依靠的指导性力量。教学实验的发展更不能例外。正确处理科学与人文的关系，决定教学实验的发展方向和人们对教学实验持什么样看法的问题，即实验观问题，二者既是教学实验的世界观，也是教学实验的方法论。只有坚持科学与人文的双重引领，才能使教学实验沿着良性、健康的轨道不断前行。纵观教学实验发展史，那种单纯强调因果关系的解释和研究的规范性，强调在自然状态下的严格条件控制，去掉价值以追求实验结果的精确性、客观性和纯粹性的研究范型，以及那种反对适当条件干预，放任个体愿望的膨胀和价值的自我发展，单纯追求定性的研究范型，都不是教学实验的本真，都不是真正坚持了科学精神与人文精神相统一的要义。就中国 30 年来教学实验的历程来看，也不是把二者的关系处理得很好。追求教学实验的科学化本身并没有错，但一提"科学"一词，研究者很容易滑入科学主义那里去，很自然地把自然科学实验室的一整套技术方法移植到教学实验中来，也希望教学实验能像自然科学实验那样客观和精密。一段时间以来，教学实验的规范问题始终是广大教学实验工作者关注、研究的一个重点。由于方法论基础和认识角度的不同，人们对教学实验究竟应该具有什么样的规范看法不尽一致。从自然科学和心理学借鉴移植过来的实验规范引入教学实验领域后对于推进教学实验的客观化、精确化、精密化起到了积极作用。但是，这套规范同时又有把复杂的教育现象机械化、简单化。教学实验在按着这套规范尝试了一番之后，便开始陷入教育事实与教育价值、情境与教育实践、实验变量与非实验变量之间的不可分离的困惑之中。近年来，由于定性研究特别是质的研究范式在教育上的兴起，这种狭隘的科学实验观才有所改观。

教学实验应该也必须向自然科学实验学习。其中，首先要学习的是自然科学实验的科学精神，即"探索真理的求真精神、尊重事实的求实精神、自我扬弃的批判精神和超越理论的创造精神"，至于具体的操作层面上的"技"与"法"，则应因教育教学过程的复杂性、情景性和人为性而有所取舍，并予以合理地超越。诚如王策三先生所言："本来教学实验有自己的发展史，有自己的'格'和'标准'。它和自然科学实验之间的区别，不是程度、等级的区别，而是性质的区别。"[①]

教学实验也应该向人文科学学习。相比之下，中国教学实验研究中的人文关怀更为不足，所以向人文社会科学学习它们的哲学思维和人文品质，就更为重要。哲学使我们睿智、高远，人文使我们豁达、关爱，这些都是人文精神的应有之意。在当今知识经济社会、文化形态观多元化的背景中，教育改革与发展的任务还十分艰巨，社会主义核心价值观的建立还有漫长过程，培养人的精神文化素质的任务还十分艰巨，这就决定了我们没有理由不重视人文精神的培育。教学实验人要在人文精神导引下，恪守实验伦理和学术责任。

教学实验研究要借鉴质的研究的合理内核，特别要与当下流行的教育行动研究和教育叙事研究形成对话、共融、共长的良性机制。20世纪90年代中后期，中国教学实验理论探讨曾一度淡化，教学实验研究似乎进入"高原期"，特别是当研究者在重新思考教学实验科学规范的方法论困境时，在解释学、现象学、批判理论与人文思潮的影响下，一种自下而上的强调研究者与行动者相结合的行动研究悄然兴起，受到人们青

[①] 王策三. 加强学习，探索教育实验自己的路子 [J]. 课程·教材·教法，1996（1）.

睐；随后的叙事研究更被教育研究者和一线工作者推崇，大有取代实验研究和行动研究之势。对此，教学实验人大可不必担心它们会占领我们的领地，使我们边缘化，因为无论是行动研究，还是叙事研究，仅仅是众多研究范式群中之一，它们也只能解决教育领域中某一层面、某一方面的问题，不可能穷尽所有的教育问题。教学实验应以积极开放的态度去包容它们，接纳它们，同它们相互交流与借鉴，形成对话、共融、共长的良性机制，共同为繁荣和发展中国的教育科学做出各自的贡献。"在今天多元化的教育研究态势下，以一种方式，一种立场支配、统领其他立场既不可能，也无必要。唯有基于彼此尊重和理解的真诚对话，在'和而不同'中相互滋养，才是科学的态度，也是民主的人文的态度。"①实际上，近年来中国学者所开展的一些教学实验如社会课程改革实验、反思性教学实验等就是合理地借鉴了质的研究的思想和方法，并取得了成效。我们相信，随着中国教育改革的不断深入和教育思想的不断解放，教学实验研究与其他研究范式相互吸收借鉴、共同发展的格局定会形成。

（三）教学实验的持续后劲在于培训一支专业化水平高的教师队伍

教师是教育实践真正依靠的重要主体，是教学实验可持续推进的主要力量。30多年的教学实验发展状况表明，许多实验由于不重视对实验教师的专业培训，实验的人力资源储备不足，梯队结构不尽合理，特别是实验的后备教师队伍培训不足，最终因实验主持者变故而导致停顿。有一个著名的实验，正是由于实验学校没有真正理解实验设计者的理论内涵，最终导致实施过程中出现偏差，实验结束。因此，加强实验教师

---

① 于述胜. 改革开放三十年中国的教育学话语与教育变革 [J] . 教育学报，2008（5）.

的专业培训，十分必要。

加强实验教师培训，至少应达到三个目的：一是提高教师的教育理论素养。缺少必要的教育理论特别是教学实验方面的知识，常常会使实验教师在实验中无所适从，不能很好领会实验设计要求，甚至使实验走样。因此，通过培训加强教学实验理论的普及，让广大实验教师掌握一些基本的教学实验的知识，就显得十分重要。二是强化实验者的主体意识。实验教师是实验的主体，教师在实验过程中有了主体意识，就会主动地研究问题，独立地解决问题，创造性地发现问题，这样，实验的过程就会成为真正的科学研究的过程，实验也会既出成果又出人才。三是明确教师在教学实验中的角色。教师在教学实验中不是被动的执行者和机械的操作者，而是积极主动的参与者和研究者。他们不仅参与实验的实施，也参与实验的设计和论证，同时实验的许多重要成果也出自他们之手，他们在参与的过程中实际上也扮演着研究者的角色。随着新一轮基础教育课程改革的深化，以校为本的教学研究制度已在中小学初步形成，这无疑对提升广大教师的专业化水平，增强教学实验的主体力量，具有重要意义，而这一切都需要教育决策予以重点扶植、支持和关注。如此，则中国的教学实验长兴不衰。

第八章

中小学课堂教学评价

　　本章在反思和总结中国课堂教学评价研究现状的基础上，深刻把握现代教学过程的本质和全面分析课堂教学关系旳多样复杂性和动态生成性，尝试构建一个改进型的口小学课堂教学评价框架。

课堂教学评价是提高课堂教学质量的关键环节，是促进教师专业发展、保证育人目标顺利实现的重要手段。如何合理建构课堂教学评价框架以有效发挥评价的导向、激励和改进功能，促成教学质量的提高，已成为推动基础教育课程改革走向新阶段的现实课题。

一、对中小学课堂教学评价研究的评价

从总体上判断，人们对中国中小学课堂教学评价问题的看法是共识与争议并存，"我国基础教育课程与教学评价改革尚未取得实质性的突破。"① 一方面，经过中国教育教学理论工作者的研究探索和广大的中小学教师、教研员对课堂教学实践经验的总结和概括，从不同的视角提出或构建了中小学课堂教学评价框架和指标体系，形成了一些共同认可和接受的课堂教学评价的要素，对长期以来指导和规范中小学课堂教学的运行起到了积极的作用。另一方面，从新中国成立以来，基础教育领域就一直存在着"什么是一堂好课标准"的争论，随着新一轮基础教育课程改革的推进，又出现"教学如何有效"，即有效性教学的评判问题的争论。对于中小学课堂教学评价的共识和争论，主要可以概括为以下三个方面。

第一，教学评价的目标指向性大体一致，即通过提升教学质量促进

---

① 王本陆. 中国教育改革 30 年（课程与教学卷）［M］. 北京：北京师范大学出版社，2009.

学生的全面发展，但评价目标的重心存在差异。教学目标一般分基础性目标（或知识技能目标）和发展性目标（或能力性目标），二者孰重孰轻，争议较大。而且，在处理新课程中提出的知识与技能、过程与方法、情感态度与价值观"三维目标"的关系上，也有不同的看法。

第二，构建教学评价框架一般要有一定的理论基础（依据），但以何种理论作为教学评价的理论依据却差异甚大。是以马克思关于人的全面发展学说为理论依据，还是以一时流行的建构主义、多元智能为理论基础，存在着较为激烈的争论。

第三，教学过程是由教师教的活动和学生学的活动构成的，但评价的关注点在教师的教还是学生的学抑或二者兼而有之，仍有争议。这里主要涉及如何认识课堂教学关系的问题，即是"以学定教"还是"以教定学"的问题。从目前的实际看，以学习者为中心的有效性课堂教学评价占主导。比如，有研究者提出"以生为本"的课堂教学观，认为以生为本，就是要以学生的进步、发展和生命成长为本。据此构建了整合、协调学生在知识与技能、过程与方法、情感态度与价值观"三维目标"的"三维十项"课堂教学评价框架[①]，具有开拓和启发性意义。

自 1997 年叶澜教授发出"让课堂焕发出生命活力"的呼唤以来，伴随着新课程改革的催化，对课堂教学研究不断深入，人们已经突破传统"知识课堂""讲授课堂"的局限，上升到对人的生命质量和人生价值的追求和考量，"以学习者为中心""以促进发展为指向"成为主导课堂教学评价改革的价值理念。近期一些中小学倡导和实验的生本课堂、生命课堂、文化课堂、智慧课堂和理想课堂等，就是这种主导价值理念

---

① 宋秋前，齐晶莹. 生本化课堂教学有效性评价标准建构与实施方法 [J]. 课程教材教法，2011（7）.

下的生动实践。这表明，人们对中小学课堂教学认识的高度和深度，已达到一个新的水平，这是基础教育课程改革走向新阶段的重要标志，为我们构建新的课堂教学评价提供了宝贵的经验和借鉴。

尽管"在不同的教学观念指导下，在不同学科的框架中，可以从不同的角度建构不同的评价标准，并且这一标准随着教学实践改革发展不断调整其内涵"[①]，但长期存在的争论至少可以表明：课堂教学本身及其评价问题是极其复杂的。课堂教学的复杂性决定了人们评价和认识教学活动过程不能用简单的、实体的和线性的思维方式，而必须用动态的复杂性思维方式来深刻把握现代教学的本质，以正确的教学观来审视和分析多重互动的教学关系，在不同教学关系的维度上，寻找课堂教学评价框架的内容和指标。埃德加·莫兰指出："我们对教育问题的思考应该从下述两个考虑出发：一方面是知识的箱格化和无法把它们彼此连接起来所导致的愈来愈严重的后果，另一方面是背景化和进行整合能力是人类精神一个基本的品质，它应当得以发展而不是使之衰退。"[②] 这就是说，建构课堂教学评价框架，一定要回到课堂教学的原点，在教学的社会文化背景中、在教学的复杂关系中去思考。

二、课堂教学评价的立论依据

教学本质观决定教学评价观，教学评价观体现教学本质观。所以，全面认识教学活动过程的本质特征是建立课堂教学评价框架的基本前提。概括已有的教学研究成果，现代课堂教学具有以下三个本质特征。

---

① 裴娣娜. 现代教学论：第一卷 [M]. 北京：人民教育出版社，2005.
② 埃德加·莫兰. 复杂性理论与教育问题 [M]. 北京：北京大学出版社，2004.

活动—实践性。课堂教学是在教师指导下，学生以发展为目标、以学习为主要方式的实践活动过程。活动作为主体成长的基本方式，既是主体认识发生和发展的机制，也是人其他方面的能力和素质发生发展的原因和机制。课堂教学的出发点和归宿是促进学生的身心发展，课堂教学目标的主要实现形式就是学生在教师引导下主动参与各种形式的学习活动，如操作活动、认知活动、交往活动、情感活动、审美活动等。学生只有主动参与知识的构建和各项课堂活动，才能掌握知识、发展能力、养成个性，"学生的主体性在活动中生成，在活动中发展，在活动中表现"[①]。教师的职责是设计、组织和保障学生各项学习活动的顺利展开，为学生创造最佳的物质、心理、文化条件和环境，激发和促进学生的学习，使学生学会学习、创造和发展。佐藤正夫提出："学生的发展，是他们的正在成长中的生命以环境为媒介的他们自身的创造。学生主动积极地选取对于他们的发展来说是最重要的环境因素——学习的对象，并且有目的意识地开展创造性的活动，乃是学生发展的基本条件。没有儿童的自发的、积极的、有目的意识的创造性活动，便没有教育，也没有发展。"[②]无论是主体内部的认知建构和情意活动，还是外部的操作和交往活动，都是基于人类社会实践成果在特定教学时空中的集聚、传承与创造，教学活动在本质上是实践的。

社会—交往性。教学是人与人之间交往互动的社会性过程。正如交往是人类的一种基本生活方式和存在方式一样，课堂教学中学生的学习活动既是一种理性的认知过程，又是一种情感的、社会化的过程，通过人与人之间的交往和互动，个体社会化和社会个体化的双向对象性目的

---

① 裴娣娜. 现代教学论：第三卷 [M]. 北京：人民教育出版社，2005.
② 佐藤正夫. 教学论原理 [M]. 北京：人民教育出版社，1996.

才能得以实现。教学过程中的交往活动，既是发展学生社会交往技能、形成集体意识和行为规范的基本条件，又是学生满足个体发展需求、实现自我追求的主要途径。正是师生和生生的互动和合作，学生和教师之间相互作用和影响，学生的社会适应能力（社会交往技能、沟通交流技能、集体意识和规范意识）、道德品质（如合群性、利他性、自信心、自制力）和价值观（竞争和合作精神、平等意识、责任感）才得到发展。

文化—价值性。教学是人类历史文化与价值体系的传承延续过程。

首先，教学具有文化传承和再生性。教学总是在一定的社会文化环境中进行，并传承与发展着文化，社会文化在某种程度上决定了课堂教学进行的方式和价值导向。从教学系统的构成看，教师是以历史与社会文化的传播者的身份进入课堂的，学生是带着知识文化的需求和渴望参与教学的，而联结教师与学生的载体（教科书、教学材料等）更是一种文化的浓缩。一方面，由于课堂教学中各种制度、规范和思想意识的影响，教师和学生的言行、互动方式、信仰和观念在某种程度上折射了一定时期的社会文化，另一方面，通过对年轻一代的培养和塑造，课堂教学使得文化得以继承、发展和超越。

其次，教学具有价值的传承和再生性。课堂教学是师生生成自我价值的过程，同时也是传递社会价值的过程。教学的自我价值在于促进学生的全面发展和个性潜能的发展；社会价值体现在课堂教学培养的人应当满足一个国家的社会经济发展的需要，即满足社会对人才培养质量的需要。正是教学活动的价值取向制约着它的发展方向、进程和评价内容，成为衡量教学质量的根本标准。所以，《国家中长期教育改革和发展规划纲要（2010—2020年）》明确指出：把促进人的全面发展、适应社会需要作为衡量教育质量的根本标准。

上述对课堂教学本质特征的分析，是对课堂教学基于历史发展的时代性把握，是构建课堂教学评价框架的思想前提和理论支撑。"抓住价值与理念、实践与活动、合作与交往这些重大命题，对于现代课堂教学理论与实践的构建，将提供一个新的解释系统，同时也从根本上把握中国课堂教学存在形态及发展的未来走向，这是一个真正意义上的思辨的提升，理性的思考。"① 正是在这个意义上，课堂教学本质特征中的"活动""交往""文化"成为认识和评价课堂教学的核心概念和关键词，学生正是通过积极主动的实践活动，在社会性交往中传承和创新着人类文化，而得以成长、成人和成才的。

三、课堂教学评价的基本维度

课堂教学是由多种要素相互作用而体现的多重复杂关系所构成的动态系统。总体上，课堂教学活动的构成主要包括教师、学生、课程与课堂文化四个基本要素。教师和学生是课堂教学的主体，教师的教和学生的学在一定中介性的课程和课堂文化中开展。课程是以教材为基本形式和载体的各种教学资源，是教师教学和学生学习内容的总称。课堂文化主要是对教学活动特别是学生的学习活动发生内在影响的规约、程序、价值观念等。课堂文化当然包含课堂物质文化（如教室布置、座位摆设等），这里的课堂文化着重强调其"软文化"，即教学制度文化（教学规则、教学秩序等）和教学观念文化（教学思想、价值观和师生表现出的精神状态）。其中，在课堂文化的层级结构中，观念文化是课堂文化的内核和统领，对师生的思维方式和行为方式起着持久性、决定性影响，甚至影响学生在特定课堂之外的社会实践和社会服务等活动方式。可见，

---

① 裴娣娜. 论我国课堂教学质量评价观的重要转换［J］. 教育研究，2008（1）.

以观念文化为统领的课堂文化是课堂教学的土壤，为教学活动输送养分；是教学存在和运行的元气，为人的健康成长提供有效能量。

课堂文化是教学活动之根和动力之源。在具体的课堂教学过程中，课程与课堂文化是因实际不断调整、适应和动态生成的，并与教学主体相互作用形成动态复杂的教学关系，即教师、学生、课程和课堂文化之间的互动构成了六种教学关系：（1）学生与课程互动构成的创生关系；（2）教师与课程互动构成的调适关系；（3）学生与课堂文化互动构成的创生关系；（4）教师与课堂文化互动构成的调适关系；（5）学生和学生互动构成的合作关系；（6）教师和学生互动构成的导学关系。其中，由学生与课程互动构成的创生关系是核心关系，其他关系是辅助性关系。这六个关系相互影响和作用，并以学生与课程的创生关系为核心整体推动课堂教学的运行。①

上述六种关系与教学本质特征直接相关：学生与课程的关系、教师与课程的关系分别体现了教学的"活动—实践性"特征；学生和学生的关系、教师和学生的关系分别体现了教学的"交往—社会性"特征；学生与课堂文化的关系、教师与课堂文化的关系分别体现了教学的"文化—价值性"特征。教学本质与教学关系的相互依从性表明：教学本质决定教学关系，教学关系体现教学本质。

学生与课程的创生关系。学生与课程的关系是整个学习过程的基础和主线，课程所涉及的学习内容和相应的学习方式在很大程度上决定着学生学习的成效和质量，体现出生成性的特点。这种生成性不仅表现在学生对所学内容在知识总量上的积累、知识面的扩展，而且表现在学习

---

① 关于教学过程的复杂关系，笔者曾专文探讨过，但不够周全。这里对教学关系做了进一步的补充和改进。参见：郝志军《探究性教学的实质：一种复杂性思维视角［J］. 教育研究，2005（11）。

经验历练、学习能力的增强和学习意义的获得上。也就是说，学生在形成新的知识、习得新的技能、发展实际操作和创新能力的同时，也体验着学习本身的乐趣以及由此引发的对生命的价值和意义的感悟。当新的学习内容呈现时，又引发学生新的问题和疑虑的产生，以及新一轮的学习、探究、知识构建和生命体验的活动。叶澜教授在谈到"新基础教育"的一堂好课的标准时强调，在这节课中，学生的学习是有意义的：初步的意义是他学到了新的知识；再进一步是锻炼了他的能力；再往前发展是在这个过程中有良好的积极的情感体验，使他产生更进一步学习的强烈的要求；再发展一步，在这个过程中他越来越会主动地投入到学习中去。[①] "课程可以被看作一条教育之路，它引领学生走向一种特别构想的美好生活。"[②] 可见，学生与课程的创生关系是课堂教学中的核心关系，维系着教学的运行和实施。考察和评价学生与课程的创生关系，主要从学习方式和学习效果两个指标要素入手。

教师与课程的调适关系。教师对课程标准的解读与转化、对学习资源的开发与使用、对信息技术的掌握和利用，直接影响教学效果。一方面，教师正确地判断课程对学生的难度，科学地掌握课程的进度，有效地处理课程的难度，合理地安排课程的梯度，对促进学生学习教学内容意义重大。另一方面，教师能否成功地运用现代信息技术手段来开发、呈现课程内容也直接关系学生学习的程度和质量。考察和评价教师与课程的调适关系，涉及三个方面：学生引向何处（目标确定），用什么来引导学生（内容设计），怎样引导学生（信息技术手段）。即教师应对课程的设计性、变通性和中介性三个方面予以重点关注。设计性指的是教师

---

① 叶澜. 什么样的课算一堂好课 [J]. 福建论坛（社会教育版），2005：（11）.
② 詹姆士·G·亨德森，查理德·D·霍索恩. 革新的课程领导 [M]. 杭州：浙江教育出版社，2005：3.

需要对包括教材在内的各种教学资源进行选择、加工、设计、组织和调控，对教学目标、活动的目的、思路和方式进行整体规划，适时地给学生提出相应的策略和建议，并为学生创造符合其认知特点和情感需要且联系生活实际的教学情境，为课堂中学生的认识和实践活动提供最佳的物质条件和心理条件。变通性指的是，在具体的教学情境中，教师能够运用恰当的策略灵活处理教学中出现的不确定因素。中介性指的是教师充分利用各种教学手段、媒介和材料满足学生的不同需求，学生应该把自己的学习情况及时反馈给教师，并积极配合、参与，和教师一起共同利用这些教学信息和教学材料，对问题进行探究。

近年来，迅猛发展的现代信息技术强烈地影响和改变着当今的课堂教学，有人预言：慕课（MOOC）时代已经到来。时下，"翻转课堂"在一些地方悄然兴起。在这种模式下，知识的学习放在课下由学生通过网络视频自主进行，课堂的有限时间内开展师生之间和生生之间互动交流、质疑解惑、研讨合作的活动，从而优化教与学的方式，尽量减少教师讲授时间，聚焦问题开展交流研讨就特别关键。可见，教师具备良好的信息素养，充分应用现代信息技术合理处理课程内容，是评价教师与课程关系的必备要素指标。

学生与课堂文化的创生关系。学生在课堂文化建设中处于中心地位，与课堂文化形成动态生成的关系：一方面，学生作为家庭和社会文化的经历者投入到课堂教学文化建设中，在与课堂文化的相互作用中催生其学习状态和学习情趣。另一方面，学生的学习状态和学习情趣又丰富和生成着课堂文化。这里，学习状态和情感体验成为考察和评价学生与课堂文化关系的两个基本指标要素。在课堂教学情境中，学生是否有学习动力（是自主的而非逼迫的学习），是否有精力（是能够持续而不是松弛和疲惫），是否有学习活力（是精神饱满而非沉闷和压抑），是否使学生产生一种内心愉悦的情感体验和感悟等，应当成为评价学生和课堂文化关系的重要内容。

教师与课堂文化的调适关系。教师在课堂文化建设中扮演着主导者和促进者的角色。教师与学生共聚一堂，对什么样的课堂教学环境和氛围对学生身心发展具有积极意义最有发言权，设身处地促进学生主动快乐地学习，尽力营造一种支持性和建设性的课堂教学文化，使学生置身于亲切温暖且具有情感性的学习氛围中，产生愉悦的情感体验和真实的学习感悟。由于学生生活背景的差异性和多元性，课堂文化既存在交融共通的方面，也可能存在碰撞和冲突的方面。教师作为传播积极正向文化的使者，必须坚守育人目标和主导性的价值立场，正确引导，合理取舍，努力传播和释放课堂文化的"正能量"，努力促成社会主义核心价值观进课堂，进学生大脑，使课堂文化成为学生健康成长的一方净土。诚如杜威指出的那样："学校要建立一个净化的活动环境。选择的目的不仅是简化环境，而且是要清除不良的东西。"①另外，课堂气氛的营造要适宜，讲究一定的秩序规则，做到活而不乱，张弛有度，避免在课堂中出现形式化和浮躁化倾向。可见，气氛营造和秩序调节是考察和评价教师与课堂文化关系的基本指标要素。

师生的导学关系。教师的教和学生的学因为共同的目的——实现教育教学的目标而发生联系。教师的教是为了导向学生的学，是为了保证学生学习活动的顺利开展。师生的导学关系主要包含对话性导学、活动性导学和反馈性导学。对话性导学就是以问答为主要形式来引导学生学习。课堂教学是教师和学生的知识结构逐步变换，相互提升，心理逐步共融交汇的过程，教师需要同学生平等真诚地展开对话，师生围绕共同

---

① 约翰·杜威. 民主主义与教育［M］. 北京：人民教育出版社，1990.

的话题进行沟通、交流，实现知识的共有和个性的发展，使师生的生命意义和社会价值得到体现。活动性导学是依据教学目标，通过设计和组织与学习内容相关的多种主题性活动、任务情境性活动和问题解决性活动来引导和促进学生学习，活动的任务、路径、时效以及个人的责任应当明确。反馈性导学强调无论在学习前、学习中和学习后都要及时地采用正向反馈掌握学生状况，并对学生的下一步学习提出建议。提问应答、活动引导和评价反馈是考察和评价师生导学关系的三个指标要素。

学生与学生的合作关系。这种关系可以用"指向问题、多维互动"来概括，这是由学习活动本身的同向性和互补性决定的。学生的学习活动围绕共同的问题（活动的目标和方向是一致的），通过学生个体与个体之间、个体与小组之间、小组与小组之间的不同观点、见解、方法和分工方式在解决问题或完成任务过程中的相互沟通与融合，学生之间构成一种尊重差异、自由表达、相互沟通、共同发展的学习共同体。在此共同体中，既有自主真实的个性化表达，又有容纳借鉴的视界融合，表达与倾听、独见与分享、差异与共识在学生之间的合作关系中得以充分展现，彼此坦诚和信任的情感得以逐步生成。可见，合作研讨是考察和评价学生关系的基本要素指标。

基于以上对课堂教学本质特征和教学关系的分析，可以尝试性地建构由一个"六关系维度、十三指标要素"构成的课堂教学评价框架（如下表）。

本质特征	关系维度	指标要素	表现描述
活动—实践性	教师·课程	目标确定	明确、具体、可测
		内容设计	主题、结构、呈现
		技术运用	关联性、新颖性、多样性
	学生·课程	学习方式	自主、合作、质疑、探究
		学习效果	学会、学好

本质特征	关系维度	指标要素	表现描述
社会—交往性	教师·学生	提问应答	启发性、挑战性、全体性
		活动引导	任务、责任、路径、时效
		评价反馈	客观、及时、正向
	学生·学生	合作研讨	团结、互助、共享
文化—价值性	教师·课堂文化	气氛营造	活跃、轻松、和谐
		秩序调节	规范、灵活、机智
	学生·课堂文化	学习状态	有动力、有精力、有活力
		学习体验	感悟、愉悦

该框架体现了以下四个方面的特点。

第一，该框架体现现代教学的整体思维、关系思维、复杂性思维，全面刻画教学过程的各组成分要素及其关系运作机制的动态性和复杂性。

第二，该框架全面贯彻和体现国家深化课程教学改革的政策，充分借鉴吸收了国内外课堂教学评价研究的最新成果，总结和提炼课堂教学评价的成功经验，体现了"以学为本、教学相长"的教育理念。

第三，该框架提出了"主体活动—课程文化—发展"的构建思路。主体发展是课堂教学质量评价的出发点和落脚点，课程文化则是促进主体发展的基础和条件。同时，主体的成长发展也不断地传承和创生着新的课堂文化。这里，学生的发展，不仅是知识的增长、技能的形成，更重要的是思想境界和心理适应能力的提升，即学生综合素质的养成。本框架中的诸多指标如"课堂气氛、师生互动、学习态度与体验"等都体现了这一点，这也是落实立德树人根本任务的体现。

第四，本框架中的指标是在课堂教学要素的双向互动甚至多向互动的基础上提出的，因此对某项指标可以从关系范畴进行比较、考量，体现了事物之间的联系性、互动性和参照性。

本框架旨在构建一个具有一般指导意义的、并不拘泥于具体学科特征和教师个体因素的课堂教学质量评价标准框架。因此，在评价指标的描述上，仍然着重于对课堂教学普遍特征的描述。不过，未来的具体化的研究可以在该框架的基础上，结合学科特点，做出变通和改进，进一步开发课堂教学质量评价量表，使得量表的评价指标更为具体，也更具有可操作性。我们期待本框架能在实践中进行检验，并通过课堂教学评价的实践活动得到进一步补充、修正和完善。

结束语

教育研究者的学术责任

　　研究者的学术责任是研究主体在推进学科建设和理论发展中所承担和履行的职责、任务和功能的总和。任何一门学科的研究者都必须坚守自己的学术信念和学术责任，这是学科建设和理论发展中一种学术伦理精神的表现。从总体上讲，一般学科的研究者都有建设好、发展好本学科的理想信念，但并不是每一门学科研究者都能承担好或履行好本学科的学术责任。因为研究者的学术责任是一种持久实践，一种长效行动，一种不懈的努力，研究者们需要承受来自社会各方面的压力与挑战。这样，坚守理论的学术责任就更具有实质性、艰巨性和长效性。对教育研究者来说，所研究和关注的教学论学科作为一种微观领域的"人学"，其学术责任的意义就更大，他们必须以对社会、对人类的独特贡献来获取支持、赢得尊重和促成发展。

一、学术责任是教育研究者存在和发展的基本方式

　　人生于天地间各有责任，自放弃责任，则是自放弃其所以为人之具

也（梁启超语）。也就是说，人生于世，必有责任；放弃责任，人之不人。一般来说，责任具有如下规定：

责任是主体自我的一般规定。如果说实践活动是主体自我存在和发展的第一规定，那么从事何种活动或实践，承担什么责任，就是自我主体的基本规定。在一定条件下、一定范围内、一定时间内进行的主体所做的事情和对社会、对他人的贡献，就是主体自我能力和水平的体现。也就是说，只有做事有责任感，才能体现自我的存在。教育研究者也是如此。诚如马克思指出："作为确定的人，现实的人，你就有规定，就有使命，就有任务，至于你是否意识到这一点，那都是无所谓的。这个任务是由于你的需要及其与现实世界的联系而产生的。"① 故曰"我做故我在"。

责任表明主体的职业身份。尽管教学研究者一般具有从事科学研究的共性特征，但也具有自身领域、学科、研究方式的独立性和独特性。这种职业的独特性，确证了教育研究者的专门性和与其他职业的差异性。也正因为如此，教育研究者才拥有其他职业人员所不具备的知识经验和话语权，从而与其他职业人员进行学术交流、研讨对话成为可能，并与其他职业研究者共同建设和繁荣文化学术。

责任是社会认同的主要依据。责任的履行并不单单是个体自发的和自为的，而是合作的，具有社会性的，更何况这种责任就是一个社会或学术共同体所赋予的，它必然受社会历史文化和现实条件所规范和约束，受社会公众舆论的影响，受学术共同体的互动促进。教育研究者必须确实履行社会所赋予的学术责任，完成社会规定之任务。如此，才能获得社会的认可。

---

① 马克思恩格斯全集：第3卷［M］．北京：人民出版社，1960．

责任是价值实现的集中体现。按照马斯洛的需要层次说，自我实现是最高层次的需要。研究者只有做好分内之事，履行好学术研究的责任，完成好教育研究者的学术使命，才能在社会认同、学界认可、大众的赞美中获得自身的满足与愉悦，实现自我价值。一句话，自我价值的实现，取决于责任主体自我表现，即责任的真正履行。但是，履行责任的目的不在于获得赞誉。对教育研究者来说，就是自我探索和专研，以系统专业的知识、思想、观点、方法与策略贡献于教育学科、服务于教育实践。

另一方面，对主体来说履行好学术责任是有一定基础和条件的。学术知识和经验、学术兴趣与意向、持恒意志并付诸努力、学术良知和道德修养是必需的品质。

首先，教育研究者应该是受过良好教育，拥有相当知识的人。他们必须从前人、历史传统、他人那里习得和掌握有意义的知识，并使这些知识内化，成为自身的一部分。随着时代的发展和现代信息技术的普及，人们接受知识的来源、途径、手段、方式越来越丰富和多样化，无论是正规教育，还是自我教育，无论是间接知识，还是直接知识，都是必不可少的，而且通过自我实践，体验所获得的直接知识尤为必要。从这个意义上讲，教育学者更应重视和关注直接知识、缄默知识，不断增强实践智慧。

其次，教学研究者仅仅拥有知识是远远不够的，还必须传播知识，创新知识，引领大众过一种先进的精神文化生活。通过多种途径、多种方式、多种手段向大众传播知识，以启迪人们的心智，通过学术交流，以自身先进的思想和观点感化和教育他人，引领人们过上有质量的精神生活，一直是教学研究者孜孜以求的使命和自身价值的真正体现。教学研究者受社会重视和尊重的程度直接决定于他们向社会提供的知识（智力）支持的数量和质量。教学研究者从历史和社会中吸取营养而得以成长、发展，他们必须以优质的知识来回报历史和社会。

再次，教育研究者必须倡导正义，批判时弊。我们不能妄言教育研究者就是正义的化身，但追求真理、崇尚美德、倡导正义，却一直是教育研究者的人格体现。倡导正义，必须对现存的、不合理的时弊进行怀疑和批判。怀疑和批判不是为了怀疑和批判本身，而是为了不再产生或不再全面产生怀疑和批判。深信假的、不好的、丑的、恶的东西去除之后，定会出现真的、好的、美的、善的东西。"知识分子作为社会公正的确立者、阐释者和自由言说者，不仅应该为这个时代提供新思想的可能性，而且应该立足于更为广阔的世界语境中，为人类未来的处境真切地操心。"① 正是这种广阔的视野、正义的良心和社会的责任，才能真正地实现教育研究者的价值。真正的教育研究者不是独自在自己狭小的学术圈子里呐喊，而是同广大民众一道，实现自己的社会追求。也许这种理想和追求无法达到，"但却始终执着地向前进，在过程中提炼意义，在思想中品尝幸福，从不屈中获得永生"②。这才是一个真正教育研究者应有的本色和风骨。

最后，教育研究者还要学会自省和共处，以达成一种良好的社会和谐。教育研究者不是什么自命清高和自命不凡的人，而是芸芸众生中的一员或一个群体，他们的成长是同广大的人民群众密切相依相连的，当自己不能同社会民众共存共融甚至完全脱离时，必须学会自省、自问和自责，必须从内心深处寻找不足之因，以努力寻求一种同大多数人和谐共处的方式。和谐的生活追求是教育研究者永远不能忘却的理想。当然，这里并不是说要让教育研究者背离自己的学术思想和观点，混同于一般

① 陶东风. 知识分子与社会转型 [M]. 开封：河南大学出版社. 2004.
② 陶东风. 知识分子与社会转型 [M]. 开封：河面大学出版社，2004.

人，而是要求他们成为和谐社会的倡导者、追求者和引导者。

二、努力倡导科学精神和人文精神良性互补，塑造优秀的教育学术品质

科学精神和人文精神是学者思维品质的双翼，缺一不可。人文精神关注人的命运、尊严与价值，它需要科学精神的支撑；科学精神中的探索真理的求真精神、尊重事实的求实精神、自我扬弃的批判精神和超越现状的创造精神，也应遵循一定的社会伦理规范和价值需求，即同样需要人文精神的指引和规范。无论是科学精神还是人文精神都是凝聚和升华了的人类精神，即它们是一种良性互补的关系，不能贬低某一个，而把另一个捧到天上去。中国知识分子历来有勤奋好学、积善成德的优秀传统，近代以来又积极地学习西方的科学文化的精神，表现出良好的"正人君子"的形象。金耀基先生指出："中国人对学问与道德最为尊敬。所谓'尊德性，道学问'即是学者之最重要功夫，普通人亦以'道德文章'来衡定一个人的价值。君子也者，实即具备此二者之人。"[①]我们的教育研究者所需要的正是这种学问与道德兼具、人文精神和科学精神同备的君子形象。

值得重视的事实是，在中国传统及现状中，关注社会，心系民生，特别是对人性有不加掩饰的真实体认，让人性的光辉自由而充分发挥的人文精神，尚嫌不足；诸如培根、洛克式的理性精神，帕斯卡、康德式的探讨人类心灵底蕴的深沉智慧，黑格尔式的巨大的历史感和马克思的"世界历史的眼光"，也是缺乏的。这当然与"内圣外王"的中国传统

---

① 金耀基. 从传统到现代 [M]. 广州：广州文化出版社，1989.

文化有必然的关系，更为重要的是对时代的、现实的精神文化危机的体察和关心意识以及对人类历史文化精神的淡漠所致。人文精神本质上是一种自由的精神、自觉的精神、超越的精神，体现着人对真善美的追求及内涵在这种追求中的人的自由本质的实现中。在当今知识经济社会，文化形态观多元化的时代下，中国社会历史转型的任务还十分艰巨，科学社会主义的核心价值观的巩固路程还很漫长，提高人们精神文明水平的任务也相当艰巨，这就决定了我们没有理由不重视人文精神的培养。而承担着传承人类优秀的历史文化，培养下一代任务特别是为教育教学实践提供理想、价值、知识和思想的代言人和引领者的教育研究，更是责无旁贷。

中国的教育研究者需要人文关怀，但人文关怀的实现，人文精神的塑造迫切需要科学做基础，也就是说，人文精神要靠科学精神做支撑。科学精神与科学知识、科学方法一起构成人基本的科学素养。然而，目前中国公众的科学素养状况令人担忧。从 1992 年起，中国科协参照国外的评价标准连续 5 次组织开展了全国范围内的公众科学素养调查。调查结果表明，尽管近年来中国公众的科学素养正在稳步提升，但是与世界发达国家相比，仍然具有不小的差距。为了尽快缩短差距，加快社会主义现代化进程，进一步落实科教兴国战略方针，2003 年，在国务院的大力支持和鼓励下，中国科协会同教育部、科技部等 10 多个部委和科研部门共同制定并正式启动了《2049 行动计划》。该行动计划的主要目的是：根据国家发展的战略要求，采取切实可行的办法，确保到 2049 年即中华人民共和国成立 100 周年时，实现全国成年公民具备基本科学素养。实际上，要真正实现这一计划目标，还有很长的路要走。面对现实，我们的教育研究者不要动不动就以"科学主义"做挡箭牌，不要说我们现在离真正的"科学主义"还远，即使在具备基本的科学素养方面也还有不小的距离。由是观之，当今中国教育对于科学精神和人文精神都不可偏废，每个知识分子都负有培养和发扬科学精神和人文精神的双重使命。

三、努力保持清醒独立的角色意识，在对话、交流与反思中促进教育学术生长

角色意识是主体对自我的身份、地位、作用及价值的认知、评价和看法。教育研究者在社会阶层中处于何种地位，在社会发展和文明进步中发挥什么样的作用，成效如何等，都与他们的角色意识直接关联。角色意识主要包括自省意识、忧患意识和超越意识。自省意识是经常对自己的所思所想、所作所为进行自觉的检讨、反省和审查，以进一步扬长避短，提升自我思想境界的意识。像"反求诸己""扪心自问""静坐常思"等就是自省意识的表现。忧患意识体现为对人生、对他人、对社会的责任意识和问题意识。超越意识则表现为不安于现状和不盲目随从，有独断力、预测力和引导力的超前意识。自省意识、忧患意识和超越意识分别从主体方面、历史与现实的方面、未来发展的方面表征着角色意识的丰富内涵，昭示着提高中国教育研究者整体素质的时代使命。只有正确、全面和客观地认识自我，才能恰当地看待他人，并与他人达成一种良性互动的平等合作关系。教育研究者的角色主要是指这些在其他学科或领域中既不是专家也不是各种各样的教育实践人员，而是专门致力于教育理论研究的职业教育研究人员。这种角色一般是相对稳定的。教育理论研究者既是教育研究人员队伍的重要组成部分，也区别于教育行政部门中的教研人员和行动研究中的教师。明确教育研究者的角色，能尽可能避免以往在研究中经常出现的两个极端：一是将自己混同于哲学

家、其他学科的专家，故弄玄虚地讨论着诸如实在、经验、存在，或结构、符号，或知识、行为之类的话题，而远离教育研究中的实际问题；一是站在教育决策人员、教师的立场上对那些晦涩的术语、玄奥的概念范畴和复杂的逻辑猛加指责而趋于功利。"从文化类型学的角度看，我们的确是处于一个非常尴尬的边缘处境，像一个二传手，既要理解杜威、怀特海、维特根斯坦、萨特、皮亚杰、斯金纳等人的工作，又要使之变成合适的建议，让教育行政人员、教师、家长甚至对教育学情绪亢奋的社会公众们的行为规范化，这使我们往往易受攻击、举步维艰、两头受气。处于这种地位，如果再找不准自己的位置，不仅很容易变成社会危机中的替罪羊，而且还会使内部缺乏文化凝聚力，最终变成一个谁也不愿接纳的孤独文人集团，尽管也'集会结社'、发行专业报刊，但除了制造一些只是圈内人相互承认的作品外，别无用处。"① 尽管教育学者作为专业的研究者有自己专门的研究领域、特定的研究对象和既定的研究方法，但实际上他们所从事和关注的这些领域、对象和方法，只是整个教育科学的一个分支和一个部分，其内在的关联是紧密的，教育科学也与人文学科有千丝万缕的联系。教育研究者明确自身的角色意识，主要是明确自己的主要责任、任务和研究重心所在，不要被外在的繁枝末节左右自己的研究重点，更不应画地为牢，注经式、书究气地在狭小的圈子里孑然独步，空发议论。教育研究者是在丰富的教育教学生活实践的土壤上开展研究的，但要使之结出丰硕的果实，也需要同社会交流、同历史对话、同文化沟通、同他人共处。教育研究者是需要哲学的，以此来提升思维层次，挖掘方法论；是需要教育决策的，一方面以此来保障和推动成果的传播，另一方面力图用自身的研究为决策的制定、执行及其

---

① 周浩波. 教育哲学［M］. 北京：人民教育出版社，1997.

修正、完善，提供丰富深刻的思想材料、科学依据、方法和策略；教育研究者更需要实践者的支持与配合，通过合作解决问题的方式，用自身的思想、智慧和理论研究来改进他们的经验与习俗。

明确教育研究者的角色意识，还有一点是必须的：逐步培养和形成一种自我反思的习惯，达成同他人的平等交流与对话，建立一种真正意义上的相容互补的研究与学习共同体。"严于律己，宽以待人"，这不仅是对自我角色意识的正确认知，更是主体人格特征的一种体现。如果我们以知识和理论的拥有者自居，以专家学者的所谓清高自居，那么，这种研究的角色必定是玄虚的、怪癖的，遭人摈弃的。保罗·弗莱雷说："如果我总是注意别人的无知而从不意识到自己的无知，那么我怎么能对话？如果我自认为不同于其他人——仅仅是'物'，在他们身上我见不到别的'我'，那么我怎么能对话？如果自以为是'纯洁'人群中的一名成员，是真理和知识的拥有者，而所有不是成员的人都是'这些人'或'未经洗礼的人'，那么我怎么能对话？如果我一开始便假设，对世界的命名是英才的任务，人出现在历史中是退化的表征，因此应避免，那么我怎么能对话？如果我对别人的贡献不闻不问，甚至感到被冒犯，那么我怎么能对话？如果我担心自己被别人取代（这是让我痛苦和软弱的唯一可能），那么我怎么能对话？"[①]实际上，个人的角色并不是先验和内在决定的，而是在与他人、社会的交往，在人的社会性实践中显现的。如果世界上只有一种类型、一个集体，那么这种独特的角色是不可能存在的。我们的教育研究者也是在其他社会研究实践中，通过与其他研究者的交往得到确证和实现的。

---

① 保罗·弗莱雷. 被压迫者教学［M］. 顾建新，等译. 上海：华东师范大学出版社，2001.

四、全力传播教育教学思想和理论，有效达成实践者教化

全力传播教育思想和理论，讲授、学习和研究教育家的教育学著作，就是让历史和现实进行对话，我们从文本中体会到的不仅是教育教学理论本身，更为重要的是文本之后的理论家的精神世界、作风人格和美好理想及其所体现的时代精神。在此系统结构中，以文本为中介，通过师生双方的对话与理解，实现"以文化人"或"使人文化"的价值追求。

雅斯贝尔斯说："教化是生活的一种形式，其支柱是精神之修养和思想的能力，其范围乃是一种成系统的认识。教化作为其实体内容而言，包含对已经存在的诸形式的思索，包含作为高度准确的洞见的认知，包含关于事物的知识及运用词语方面的熟练。"[①]可见，这里的"教化"不同于一般意义上"教育"或"训育"。"教育"或"训育"可以达成一定的目的，也可以不达到一定目的，只要在形式上确立某种教育关系，具有某种教育行为就行，它重在过程，而教化不仅强调人的精神的转化过程，"更多的是把精神转变为结果"。而且这种结果已深深地包含在教化本身的过程中。

达成实践者的教化，就是使教育教学实践者具有良好的教育教学学养，真正成为一个受过教育的人。一个受过教育的人所掌握的知识，不是"无活力"的知识，这种知识应能形成一种推动力，使受教育者重视他的经验，并能改变受教育者的思维方式和行动能力，因此，一个有知识的人如果不能使知识产生活动以改变他的信仰和生活方式，那就像放在书架上的百科全书，不能算作"受过教育的人"。这就是说，教育意味着一个人的"眼界"随着他的认知而改变。一个人可能在课堂上或考

① 雅斯贝尔斯. 时代的精神状况 [M]. 王德峰，译. 上海：上海译文出版社，1997.

试中能够正确地说出有关历史问题的答案，在此意义上，他算得上是一个通晓历史的人，但如果他的历史知识从来都不曾影响过他看待周围事物的方式，那么我们可以称此人"博学"，但不会说，他是个"受过教育的人"，也不能真正达成教化。其一，达成教化的人是深悉和理解了文化的基本要义和精神，并将理论合理地内化于主体的品质结构中，因而能自主地、理性地进行教学实践活动的人。这种人通过对教学的本质、学习的本质、课程的本质及其方法论的深刻认识和意义鉴别，已形成一套更为合适、考虑周全的处事方略和实践观念。其二，因为教育实践的前提是人类的历史文化和个人的实践经验，其间的各种成分良莠参差，所以达成教化的人必须对教育实践所隐含的前提进行合理的批判和有效的选择。在对教育实践的前提进行批判和选择时，主体的开放态度、科学精神和创新意识是不可或缺的优良品质。其三，达成教化的人形成一种稳定的教育价值观，依据这种教育价值观，能深刻地理解和洞察现实的教育的情景和自我思想及实践表层之下的能力倾向，从而使实践主体能更具活力地进行教育实践和教育改革。可见，具有理性自觉的人所具有的教育价值观是一种辩证的、社会实践构建的和历史包孕的理性价值观，因为它包容了理论与实践、个人与社会、历史理解和前瞻行动的有意识的辩证联系。其四，由于达成教化的人所信奉的是一种理性的教育价值观，所以在教育实践中所采用的是一种批判性的自我反省的方法，它可以使实践者的行为从传统的、习俗的、迷信的、愚昧和无知的不自觉状态中解放出来，从而保证理论和实践的转化关系沿着从不合理到合理，从无知习惯向理解和反省的理性轨道前进。彼得斯指出，个体把种种信念、态度和期望带进他的经验。其中不少是依赖权威……有许多是错误的、有偏见的、头脑简单的……教育目的之一是要使这些信念、态度和期望较少依赖权威。个体可以通过摆脱错误、迷信和偏见改进他的理解能力，并重构他的信念和态度。并且，通过理解的发展，个体开始能够以一种很不相同的方式来看待人类的条件。行动的机会可以随着他对人民、社会和自然世界的看法的改变而到来。可见，达成教化的人本身就标志着一种实践行动的解放和精神境界的提升。正因如此，哈贝马斯把解放的认识旨趣赞誉为是社会成员达到了"自主与责任的统一"。

五、不断完成教育理论建设的重任，增强教育学术影响力

首先，通过理论的建构为世人提供思想、知识和方法论。思想是灵魂，思想是先导，并决定着教育理论研究的方法论。教育理论的生命力常常在于有先进、正确的教育教学思想作为其精神支柱。由于教育理论具有广阔的包容性和强烈的人文性，因而哲学、心理学、社会学、文化学等学科的思想和方法，也深刻地影响和支持着教育理论的思想和方法。从不同的学科视角审视教学问题，会形成不同的教育思想及其理论，同理，站在教育理论的立场上，借助相关学科的思想和方法来思考自身，也会有不同的教学思想和方法。然而，教育理论对其他相关学科思想和方法的借鉴和吸收并不是简单地照搬和拿来，而是要经过进一步修正和教育理论学科改造的，因而它所提供的教育思想和方法是具有自己独特品格和内在精神的。尽管在教育理论发展幼年期这种照搬和拿来的成分还较为明显，但随着教育理论的发展壮大，会逐渐内化为自己的内在品格。例如，马克思主义哲学认识论一直是中国教育论重要的指导思想或理论基础，因此而提出的教学认识论，不仅指明了学生的认识与人类的一般认识有相近或相似之处，更为重要的是深刻地揭示了学生的认识与人类认识的差异性和独特性，是一种特殊的认识、间接的认识和不断发

展的认识，这与杜威把教育直接看作是其实用主义哲学的"实验室"，斯金纳把行为主义心理直接应用在教学操作上是截然不同的。正是教育理论对相关学科思想的包容性吸收和内化，才深刻地揭示和阐明了教育教学本质及其规律，并向人们提供了丰富和独特的知识。诸如，通过揭示教育的目的性，给人们提供了价值性知识；通过揭示教育的双边性，给人们提供了交往性的知识；通过揭示教育的中介性，给人们提供了价值的工具性知识；通过揭示教育的伦理性，给人们提供了实践性知识；通过揭示教育的继承性，给人们提供了历史性知识等。

其次，对教育实践中的诸多问题，特别是一些重大的问题做出回答、解释、说明，或提供建议、引领。概括地讲，在教育实践中，大体存在两类问题：一类是需要解答的问题，一类是需要解决的问题。对于第一类问题要提供答案，对于第二类问题要提供方案。第一类问题又分两小类，第一小类给出直接答案，即做出是与非、肯定与否定的回答即可，如什么样的教育是好的教育等；第二小类则要求不仅要有答案，而且要对其依据、理由、原因、过程等做出解释和说明，如为什么说教学具有教育性和艺术性。实际上，教育研究者更应关注第二小类问题。教育研究者不论是提供解决问题的方案（如教育教学模式、教育教学策略等），还是对问题做出解释和说明（如教育的基本规定、规律、原理），都是引导性、指示性和建议性的，只供实践者借鉴、参考和选择之用，而不是强制性和指令性的，因为教育实践是复杂的，教育情景是多变的，实践主体是能动的，教育研究者要尊重教育实践者的智慧和创造。

再次，传承与批判教学文化。传播和继承教育思想、理论与方法是教育研究者的重要责任。通过对教学文化的传承，中国优秀的民族传统文化得以保存和延续，国外先进的文化得以借鉴和吸收。教育学术研究的发展历程就是教育文化传播、交流与融合的过程。在这个过程中，教育研究者的宣传与介绍、不同教育理论流派的学术争鸣与互相交流，教育实践者的学习与反思以及教育决策者的推崇与倡导，都是教育理论传承功能的体现。随着当代信息技术的发展，教学文化的传承效用会更为便捷、迅速和广泛。但是，教育研究者仅仅传承文化是远远不够的，更为重要的是批判教育文化。没有传承，教育文化就不会保存和延续；没有批判，教育文化就不可能发展和创新。诚如康德所言，一切东西都要经过理性批判。围绕人的发展这个中心点，教育理论自身发展的内在机理、教育实践的现实需求及其未来趋势都应是批判的参照。教育研究者的建设必须掌握好、利用好这"批判的武器"，向传统和现实的教育领域中的假、恶、丑挑战，弘扬和创新真、善、美的教育文化，不断完成教育理论的建设任务，贡献和服务于社会和人民。

教育研究者学术责任的意义并不仅仅在于理论建设本身，更为重要的价值在于它关系人的发展乃至民族的前途，对此，每个学者都义无反顾，因为这是历史所赋予学者的神圣使命。德国哲学家费希特在其《论学者的使命》中，论述了作为一个学者对人类承担的义务。他提出了本质性的问题："学者的使命是什么？学者同整个人类及其他各个阶层的关系怎样？他们用什么手段才能稳妥地完成自己崇高的使命？"他明确回答："每个人都必须真正运用自己的文化来造福社会。谁也没有权利单纯为自己过得舒适而工作，没有权利与自己的同胞隔绝，没有权利使用自己的文化于他们无益；因为他们正是靠社会的工作才能使自己获得文化，从一定意义上说，文化就是社会产物，社会所有物；如果他不愿由此给社会带来利益，他就是从社会攫取了社会所有物。"[①]至诚之言，胸怀博大，吾辈对此，岂敢不为？

---

① 费希特. 论学者的使命 [M]. 北京：商务印书馆，1984.

图书在版编目（CIP）数据

课程与教学改革研究 / 郝志军编写. —长沙：湖南教育出版社，2017.8
ISBN 978-7-5539-5661-9

Ⅰ.①课… Ⅱ.①郝… Ⅲ.①中小学－课程－教学改革－研究－中国 Ⅳ.①G632.3

中国版本图书馆CIP数据核字(2017)第197017号

KECHENG YU JIAOXUE GAIGE YANJIU
课程与教学改革研究

郝志军 编写

责任编辑 张艺琼 廖 熙
责任校对 刘 源
出版发行 湖南教育出版社(长沙市韶山北路443号)
客 服 电话0731-85118546
经 销 全国各新华书店
印 刷 长沙金鹰印务有限公司
开 本 710×1000 1/16
印 张 16
字 数 199000
版 次 2017年8月第1版 2018年1月第2次印刷
书 号 ISBN 978-7-5539-5661-9
定 价 57.00元

湖南教育出版社图书若有印装错误可向客服联系调换
提供盗版线索者给予重奖